초·급·영·어·회·화
〈제3판〉

초·급·영·어·회·화
〈제3판〉

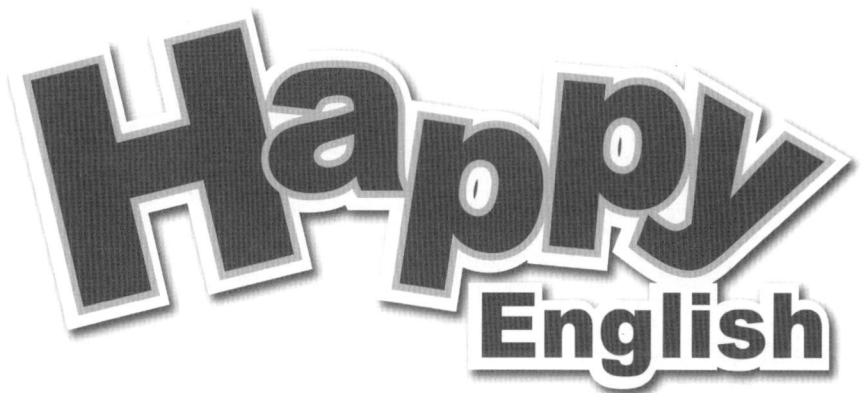

| 이길영 지음 |

한국문화사

저자와의
협의하에
인지생략

초급영어회화
# Happy English I

1판 1쇄  2005년   2월 28일
1판 2쇄  2006년   2월 28일
1판 3쇄  2006년  12월 10일
1판 4쇄  2008년   2월 28일
1판 5쇄  2010년   2월 25일
2판 1쇄  2015년   2월 25일
3판 1쇄  2021년   2월 25일
3판 2쇄  2022년   2월  9일

지 은 이 | 이길영
펴 낸 이 | 김진수
펴 낸 곳 | 한국문화사
등   록 | 제1994-9호
주   소 | 서울시 성동구 아차산로49, 404호(성수동1가, 서울숲코오롱디지털타워3차)
전   화 | 02-464-7708
팩   스 | 02-499-0846
이 메 일 | hkm7708@daum.net
홈페이지 | http://hph.co.kr

ISBN 978-89-6817-304-2  94740
     978-89-6817-203-8  (세트)

· 이 책의 내용은 저작권법에 따라 보호받고 있습니다.
· 잘못된 책은 구매처에서 바꾸어 드립니다.
· 책값은 뒤표지에 있습니다.

오류를 발견하셨다면 이메일이나 홈페이지를 통해 제보해주세요.
소중한 의견을 모아 더 좋은 책을 만들겠습니다.

# 책을 펴내면서

한국인의 영어에 대한 관심은 눈물겹다. 혹자는 '한이 맺혔다'라고도 한다. 영어를 할 수 있다는 것은 단순히 외국어 하나를 이해하는 수준을 넘어서, 이제 분야에 따라선 글로벌 시대에 생존을 위한 단계에까지 이르렀다고 볼 수 있다.

90년대 세계화에 대한 관점이 생성되면서부터, 영어의 기능인 말하기, 듣기, 읽기, 쓰기 가운데 말하기와 듣기의 기능에 대하여 초점이 모아지고 있다. 이는 의사소통 능력에 대한 관심이며, 이를 증진시키기 위해서는 자연스런 상황에서 나올 수 있는 일상적인 대화를 많이 접하고 연습하는 것이 필요하다.

Happy English I은 자신에게 기초적인 영어회화실력이 제대로 갖추어지지 않았다고 늘 불만족스러워하는 영어학습자들을 겨냥한 책이다. 이 책은 영어회화의 다양한 표현들을 기능별로 묶어 놓았고 학습자가 자신감을 가지고 접근하도록 되어 있어, 이 책을 학습하면서 영어회화의 부족한 부분이 향상되는 것을 목표로 하였다. 뿐만 아니라 소위 진정성(authenticity)에 바탕을 둔 대화의 표현을 좀 더 많이 알고자 하는 학습자들도 이 책을 통하여 많은 도움을 얻을 수 있도록 되어 있다. Happy English I은 불만족인 영어실력이 이 책을 통해 점점 영어공부 그 자체가 행복한 것임을 알게 하고자 했고 영어회화에 자신감이 붙도록 했다.

Happy English I은 영어 학습에 있어 중요한 과정 중 하나인 브레인스토밍의 과정으로 Warm-up을 활용하고 있는데, 학습자의 주의를 자연스럽게 유도하여 의식적, 혹은 무의식적 관심을 제고한 후, 본문대화, 표현 익히기, Pop quiz, 연습문제로 적절하게 이어지도록 하였다. 뿐만 아니라, 중간에 쉬어가는 코너로 Coffee Break를 통하여 저자의 현지 경험에서 나온 재미있는 표현, 실수담 등을 배치하여 학습의 흥미를 높이고자 하였다. 또 세계화 시대에 외국여행에 꼭 필요한 표현들을 골라 Bonus에 올려놓아 유용한 학습이 되도록 하였는데, 이는 현지의 생생한 경험담과 필요한 대화체를 통하여 실제 영어권 현지 생활에 보탬이 되도록 하고 있다. 아울러 Crossroads에서는 영어에 대한 이모저모를 알아보는 코너로 영어에 대한 다양한 지식을 편한 마음으로 접하게 하고 있다.

서점에서 범람하고 있는 대부분의 회화책은 영어권 국가에서만을 배경으로 하고 있다. 그러나 Happy English I은 영어가 이제는 EIL, 즉 국제어(English as an International Language)라는 관점과 전통적인 관점을 함께 적절히 다루고 있다. 본문 대화에서는 영어가 미국이나 영국 등등 어느 특정 국가의 모국어라는 관점에서 머무르지 않고, 이제 세계의 만국통용어라는 관점에서 소재를 정하고 집필하였다.

Happy English I에서는 '민호'와 '선미'라는 동창생을 중심으로 이야기가 진행되고 있어 책 전반적으로 연관성이 있으며 흥미를 더하고 있다. 학습자는 마치 이 두 사람의 이야기가 자신의 이야기를 하는 듯한 상상을 하며 연습을 해 보기 바란다. 그리하면 배우는 내용이 훨씬 더 여러분의 내재화에 도움이 될 수 있기 때문이다.

Happy English I은 사이버한국외국어대 영어과의 정규과목으로 매우 인기 있는 '초급영어회화입문I'에 사용되는 교재이기도 하다. 매우 체계적이고 물 흐르듯 단계적으로 학습이 이루어지도록 되어 있을 뿐 아니라 내용에 흥미가 더해져 수강생들의 평가가 매우 높은 과목이다.

Happy English I을 통해 영어회화에 조금이라도 진척이 있다면 내겐 큰 보람이 될 수 있을 것이다.

이문동에서<br>
저자

# Contents

| | | |
|---|---|---|
| Lesson 1 | I'm planning to go to cooking school | 9 |
| Lesson 2 | Are you free tonight, by any chance? | 25 |
| Lesson 3 | You shouldn't have worried about it | 43 |
| Lesson 4 | I'd like to make a reservation for dinner tomorrow | 59 |
| Lesson 5 | Excuse me? | 79 |
| Lesson 6 | Where was I? | 101 |
| Lesson 7 | When it comes to~ | 123 |
| Lesson 8 | Midterm | 145 |
| Lesson 9 | I'd like to, but~ | 147 |
| Lesson 10 | I'm sorry to interrupt you, but… | 167 |
| Lesson 11 | What do you think about~? | 187 |
| Lesson 12 | How R U? | 207 |
| Lesson 13 | I insist | 231 |
| Lesson 14 | Actually~ | 255 |

# LESSON 1

# I'm planning to go to cooking school

## Introduction

### 말하기 포인트

오랜만에 만난 사람과 인사하기
자신의 계획을 이야기하기

### 유용한 표현

How have you been?
I'm planning to go to cooking school.
That's why I am learning the language.
Let's keep in touch.

# Warm-Up

## B  Brainstorming 1-1

> **Sunmi**: Hey, how have you been?
> **Byunghyun**: Oh, Long time, no see.
> **Sunmi**: It's nice to see you again.
> **Byunghyun**: Well, it has been a while since we graduated...

위의 대화에 대하여 아래 답을 고르시오.

A: What are they doing?
B: They are _____.

① fighting each other
② greeting each other
③ walking together
④ eating together

## B  Brainstorming 1-2

길에서 우연히 옛 친구를 만났을 때 할 수 있는 이야기들엔 어떤 것들이 있을지 상상할 수 있는 것들을 모두 ☑하세요.

- May I help you?
- Congratulations!
- How have you been?
- Long time, no see.
- I'm just looking, thank you.
- It's nice to see you.
- Help yourself to this steak.
- Keep in touch.

 Brainstorming 1-1: ②
Brainstorming 1-2: How have you been?, Long time, no see., It's nice to see you., Keep in touch.

Lesson 1   I'm planning to go to cooking school [1주차]

 **Brainstorming 2**

다음은 15년 후의 자신의 모습을 상상하고 만든 어느 학생의 명함입니다.

**CNN**
Name: Kim, Namho
Occupation: Graphic Designer
Company: CNN

위의 명함을 보고 아래의 빈칸에 들어갈 것으로 적당한 구문을 있는 대로 고르시오.

> Mr. Kim, Namho _____ be a graphic designer in a broadcasting company in fifteen years.

① has a plan to
② gets back to
③ wants to
④ is planning to
⑤ is looking back to

 Brainstorming 2: ①, ③, ④

## D〉 Dialogue

▶▶ **At the subway station**

**Minho**  Well, well, well, Sunmi... Long time, no see. How have you been?
**Sunmi**  Hey, Minho. Pretty good. Nice to see you. How have you been doing?
**Minho**  Well, I've just registered for cyber university.
**Sunmi**  Good for you. What are you studying?
**Minho**  I am studying French.
**Sunmi**  Is that right? Why French?
**Minho**  Oh, I'm planning to go to cooking school after I graduate.
**Sunmi**  Really?
**Minho**  Yes, I've been thinking about it for a long time. I, uh... I'm planning to study abroad.
**Sunmi**  You mean... you want to go to France to study, huh?
**Minho**  Right. That's why I'm learning the language.
**Sunmi**  I see. So... what do you want to do in the future?

## Lesson 1  I'm planning to go to cooking school [1주차]

**Minho**  I want to be a chef in an international hotel.
**Sunmi**  Great. Good luck!
**Minho**  Thank you. Oh, let's keep in touch. Let me give you my business card.
**Sunmi**  Thanks. Here is mine.
**Minho**  Thank you. Good to see you again, Sunmi. Bye.
**Sunmi**  Bye.

### 해석

#### ▶▶ 지하철역에서

**민호**  이런, 이런… 선미씨, 오랜만이네요. 어떻게 지냈어요?
**선미**  어머, 민호씨. 아주 잘 지내요. 만나서 반가워요. 어떻게 지내고 있어요?
**민호**  음, 난 사이버 대학에 막 등록했어요.
**선미**  잘했어요. 뭘 공부하는데요?
**민호**  불어를 공부하고 있어요.
**선미**  그게 정말이에요? 불어는 왜요?
**민호**  어, 졸업 후에 요리 학교에 갈 계획이거든요.
**선미**  정말이에요?
**민호**  네, 난 거기에 대해 오랫동안 생각해왔어요. 난, 어 … 외국에서 공부할 계획이에요.
**선미**  그럼… 프랑스에 공부하러 가고 싶다는 말이에요, 네?
**민호**  맞아요. 그게 내가 어학을 공부하는 이유지요.
**선미**  그렇군요. 그럼… 장차 뭘 하고 싶어요?
**민호**  국제적인 호텔의 주방장이 되고 싶어요.
**선미**  멋지네요. 행운을 빌어요.
**민호**  고마워요. 어, 계속 연락하며 지내지요. 내 명함을 줄께요.
**선미**  고마워요. 여기 내 것도 있어요.
**민호**  고마워요. 다시 만나서 좋았어요, 선미씨. 안녕.
**선미**  안녕.

Happy English I | 이길영 교수

## C) Comprehension

앞의 대화 내용을 어느 정도 이해했는지 스스로 확인하기 위한 간단한 연습문제입니다.

### 1. 대화 내용과 맞는 것은 어느 것입니까?

① They are going to France.
② They are husband and wife.
③ They are friends.
④ They are students of the same cyber university.

### 2. 대화 내용과 맞는 것은 어느 것입니까?

① Sunmi is going to learn Spanish.
② Minho is talking about his future plan.
③ Sunmi is planning to work for a hospital.
④ Minho owns a restaurant now.

 Comprehension: 1. ③  2. ②

# Coffee Break

잠시 머리를 식히면서 쉬었다가 갈까요?

> **세상사란 그런 거지요.**
> That's life.
> That's the way it goes.
> That's the way the ball bounces.

동서양을 막론하고 복권에 당첨한 사람들의 대부분이 흥청망청 돈을 쓰다가 결국 복권당첨 이전보다 더 인생이 비참해지는 예가 많음을 신문에서 읽은 적이 있습니다. 노력에 의하여 얻어진 돈이 아니기에 돈을 쉽게 쓰게 되고, 심한 낭비로 이어지며 이런 삶은 결국 인생을 망치게 합니다. 많은 돈이 이득이 아니라 오히려 독이 된 것이지요. 성실하게 모은 돈이 가치 있습니다.

영어공부도 쉽게 하려다가 조바심 나고 곧 실망합니다. 시간과 노력을 들여 성실하게 함이 결국 실력이 되어 우리의 자산이 되지요. "쉽게 번 돈은 쉽게 잃지요... 세상사란 그런 거지요..." 이럴 때 사용합니다. That's life.

혹은 That's the way it goes. 즉 '세상 돌아가는 법칙이지요' 또는 That's the way the ball bounces. '공이 튀는 방법이지요' 즉 '세상이치가 그런 거지요'의 뜻이니 함께 사용할 수 있습니다.

## Main Study

### E) Expression I

❶ Well (저...)
- ▶ 특별한 의미 없는 말
- ▶ 그러나 매우 중요한 의미가 내포
- ▶ attention 받아 발언권을 획득. (대화의 출발점)
- ▶ Well, well, well → 이렇게 세 번 연속으로 well 이라고 하면 주변인들의 attention을 모을 수 있을 뿐 아니라 종종 놀람, 반가움 등이 내포되어 있음
    - ▷ If it isn't Sunmi! 어이구. 이게 누구인가... 선미 아닌가?
    - ▷ It has been a long time since we last met. 우리가 그동안 못 본 지 오래되었네요.
    - ▷ Long time, no see. 오래간만입니다.

❷ How are you? / How have you been?
- ▶ How are you? = How are you doing? (이 표현이 How are you? 보다 더 잘 쓰임)
- ▶ How have you been? = How have you been doing?
    - ▷ 현재완료(have + 과거분사)를 사용하면 과거시점부터 지금까지의 경과를 묻는 것이며 아마도 오랫동안 못 만났던 사이인 것을 짐작할 수 있음.

❸ Pretty good.
- ▶ 매우 좋아요.
  인사말에 대한 대답은 'Fine, thank you.'만 있는 것이 아니라 아래처럼 다양함.
    - ▷ I'm doing pretty well. (매우 좋아요)
    - ▷ So so. (그저 그래요)
    - ▷ Not bad. (나쁘지 않아요)
    - ▷ Couldn't be better. (이보다 더 좋을 수 없어요. 즉, 매우 좋아요)
    - ▷ Super. (최고예요)

❹ register for~: ~에 등록하다
- ▶ register for a course 한 과목을 수강신청하다
- ▶ registered mail 등기우편
- ▶ registered nurse (RN) 공인간호사
- ▶ 'have + just + 과거분사' : '이제 막~ 했다'

Lesson 1   I'm planning to go to cooking school [1주차]

❺ Good for you.
  ▶ 어떤 이의 행동에 승낙과 만족을 나타냄.
    A: I took a driving test and finally made it. 운전시험을 보았는데 결국 통과했네요.
    B: Good for you. 잘 했네요… 좋네요.

❻ Is that right? 맞나요? 정말인가요? 그렇군요.
  ▶ 끝을 올리는 경우와 내리는 경우 각각 다른 의미가 내포됨.
    I understand you did your graduate work at Western University. Is that right?
    웨스턴대학교에서 대학원 과정을 밟았다면서요. 정말인가요?
    여기서 끝을 올리면 '정말인가요?' 하고 확인하는 것임.

## Q  POP QUIZ I

**Q1** 'How are you?'와 비슷한 표현으로 특별히 오랜만에 만난 사람에게는 어떤 표현을 사용할 수 있을까요?

  ① How are you doing?
  ② How have you done?
  ③ How have you been?
  ④ How did you do?

**Q2** '사이버대학에 등록하다'할 때의 '등록하다'는 어떻게 표현할까요?

  ① register on cyber university
  ② register to cyber university
  ③ register by cyber university
  ④ register for cyber university

[정답]  Pop Quiz I : 1. ③   2. ④

### E. Expression II

❼ Why French? 왜 불어이지요?
   A: Can you go for painting the wall now? 지금 벽에 페인트칠 하겠어요?
   B: Why me? 왜 저인가요?

❽ be planning to V (동사)
   ▶ I'm planning to be a doctor. 의사가 되려고 합니다.
   계획을 나타낼 때 사용. 유사한 표현으로는
      ▷ be going to V (동사)  ex I'm going to play soccer. I am going to be a soccer player.
      ▷ I want to become N (명사)  ex I want to become a soccer player.

❾ I'm planning to go to cooking school after I graduate. 졸업하면 나는 요리학교에 갈 계획입니다.
   ▶ 시간의 부사절에서는 현재가 미래를 대신함. 'after I graduate'는 시간의 부사절이며 졸업을 하는 것은 미래이지만 graduate라는 현재시제를 사용함.
      ▷ I'll go to the park after I finish the homework. 숙제마치면 나는 공원에 갈 것입니다.
      ▷ I can't talk over the phone. I'll talk to you later when I get back. 전화로 이야기 할 수 없어요. 내가 나중에 돌아가면 이야기할게요.

❿ you mean
   ▶ 상대방의 분명한 의중을 확인하고자 사용.
   문장 뒤에 intonation을 올려 상대방의 의견을 구함.
   A: It was great match to all of us. 우리 모두에게 좋은 경기였지요.
   B: What game? You mean the match with Spain? (문장 끝의 억양을 올림)
   어떤 게임이요? 스페인과의 게임이요?

⓫ That's why~ : 그래서 ~인 이유이지요.
   ▶ 'That's why~'는 앞에 이유가 되는 것이 먼저 나오고 그 뒤를 이어 결과를 설명 할 때 쓰이는 구문. 매우 유용한 표현이다.
      ▷ I used to live in Busan. That's why I know how to get to Jagalchi market. 부산에서 산 적이 있습니다. 그것이 자갈치 시장을 가는 방법을 알고 있는 이유이지요.
      I like kids a lot. That's why I learned child psychology at the university. 아이들을 좋아해요. 그것이 대학에서 아동심리를 공부한 이유가 되었지요.

Lesson 1  I'm planning to go to cooking school [1주차]

❷ **Good luck**
  ▶ 작별인사로 종종 사용되며 상대방에 대한 행운을 비는 표현
    ▷ I wish you good luck.
    작별인사로 또 잘 쓰이는 것은 Take care.

❸ **keep in touch**
  ▶ 오랜만에 만난 친구와 헤어지면서 앞으로 종종 연락하고 지낼 것을 바라는 인사 뒤에 전치사 with를 붙여 사용
    ▷ keep in touch with~: ~와 연락을 유지하다.

## Q POP QUIZ II

**Q1** 'I'm leaving for Seattle next year.'
이 문장을 유사한 의미가 되도록 바꾼 것 중 틀린 것은 어느 것인지요?

① I have a plan to visit Seattle next year.
② I'm going to visit Seattle next year.
③ I'll visit Seattle next year.
④ I am leaving Seattle next year.

**Q2** 종종 연락하고 지내자의 뜻으로 하려면 다음 문장에 어떤 전치사가 들어가야 할까요?

> Keep (        ) touch.

① to
② for
③ in
④ with

정답 | Pop Quiz II: 1. ④  2. ③

## E) Exercise I

다음 보기의 구문을 보고 각 문제의 빈칸을 채울 알맞은 것을 고르시오.

> I'm planning to go hiking.　　　　　Get well soon.
> Pretty good.　　　　　　　　　　　Good for you.
> The same to you.　　　　　　　　　That's why I do it every morning.

**1**　**A**: How have you been? 그동안 어떻게 지내셨어요?
　　**B**: _____

　≪Hint≫ 오랜만에 만난 이에게 할 수 있는 인사로 그에 대한 답은 이 외에도 Great, Good, Fine, Terrific, Not bad 등등이 있음.

**2**　**A**: What are you going to do, tomorrow? 내일 무엇을 하실 계획이세요?
　　**B**: _____

　≪Hint≫ be planning to v~ : ~할 계획이다.
　　　　'go swimming', 'go shopping': go ~ing 꼴로 의미는 '~하러 가다.'

**3**　**A**: You know, I've decided to go to college.
　　　　저기요... 저는 대학에 가기로 결정했어요.
　　**B**: _____

　≪Hint≫ Good for you/him/her 등등의 꼴로 쓰이며 '잘했다' '잘 되었다' 등등의 의미로 쓰임.

**4**　**A**: Playing tennis is good for your health. 테니스 치는 것은 건강에 좋습니다.
　　**B**: I know. _____

　≪Hint≫ 'That's why~' 는 앞에 이유가 되는 것이 먼저 나오고 그 뒤를 이어 설명을 할 때 쓰이는 구문으로 매우 유용한 표현임.

---

**정답**　Exercise I : 1. Pretty good. (잘 지냈습니다.)
　　　　　　　　　　2. I'm planning to go hiking. (하이킹 갈 예정입니다.)
　　　　　　　　　　3. Good for you. (잘 하셨어요.)
　　　　　　　　　　4. That's why I do it every morning. (그것이 내가 테니스를 매일 아침 하는 이유이지요..)

Lesson 1  I'm planning to go to cooking school [1주차]

## E  Exercise II

아래 빈칸에 들어갈 내용을 말해 보세요.

**1**  저는 얼마 전 사이버 대학에 막 등록했어요.
_____

≪Hint≫ register for~: ~에 등록하다. 현재완료 꼴에 just가 붙으면 '이제 막'의 의미가 있음.

**2**  저는 해외 유학을 갈 예정입니다.
_____

≪Hint≫ be planning to~ : ~할 계획이다.

**3**  장래에 무엇이 되고 싶으신가요?
_____

≪Hint≫ 일반 의문문의 형태: 의문사 + 조동사 + 주어 + 본동사
　　　　in the future: 미래에

**4**  계속 연락하며 지내요.
_____

≪Hint≫ keep in touch: 연락을 유지하다. 뒤에 전치사 with를 붙여 keep in touch with~: ~와 연락을 유지하다.

정답  Exercise II :  1. I've just registered for cyber university.   2. I'm planning to study abroad.
　　　　　　　　 3. What do you want to do in the future?   4. Let's keep in touch.

# Bonus

세계화 시대를 맞이하여 우리 해외여행을 언젠가 할 우리들인데 보너스에 있는 다음의 내용을 덤으로 한 번 알아봅시다.

- **A** United Airlines, may I help you?
- **B** Yes, I'd like to book a flight to New York, please.
- **A** Is that one way or round-trip, sir?
- **B** Two round-trip tickets, please.
- **A** What class would you like, sir?
- **B** Economy, please.


- **A** 유나이티드 항공입니다. 무엇을 도와드릴까요?
- **B** 뉴욕행 항공권을 예약하고자 합니다.
- **A** 편도입니까? 왕복입니까?
- **B** 왕복표 두 장 부탁합니다.
- **A** 어떤 클래스의 좌석으로 할까요?
- **B** 일반석으로 해 주세요.

❖ 예약할 경우 book, 혹은 reserve 등을 사용합니다. flight는 비행기의 편을 이야기합니다. 예를 들어, Flight No. 25는 비행기 제 25편 비행기를 의미합니다.
book a flight to New York → 뉴욕행 비행기를 예약하다
- one way ticket    편도 표
- round-trip ticket    왕복 표

❖ 일반석은 economy class 혹은 tourist class라고도 하며 한 단계 높은 곳은 business class 혹은 prestige class라고 합니다. 제일 고급 class는 first class라고 하지요.
- economy class    일반석
- business class    비즈니스석
- first class    일등석

최근에는 몇몇 항공사가 일반석과 비즈니스석 사이에 premium economy class를 만들었습니다. 일반석보다는 가격이 조금 높으나 더 넓은 좌석에 간식 메뉴 등 서비스가 더 좋아 장거리 여행객에게 호평을 받고 있습니다.

## Crossroads

### 영어의 정체는 무엇일까?

오늘날 영어는 전 세계 수많은 국가에서 주요 언어로 사용되고 있으며 공식 언어로서 뿐만 아니라 제2언어로서도 광범위하게 사용되고 있습니다.
또한 영어는 전 세계에서 가장 폭넓게 가르쳐지고 이해되는 언어로서 때때로 링구아 프랑카(lingua franca)에 비유되는데요, 링구아 프랑카란 모국어를 달리하는 사람들이 상호이해를 위하여 습관적으로 사용하는 언어를 말하지요. 즉 International language, Global language를 일컫습니다.

### 영어의 기원과 발전
영어(英語, 영어: English language)는 본래 앵글로색슨 족의 언어로 영국의 잉글랜드 지방에서 기원한 서게르만어 군의 한 언어입니다. 영어는 노르만 정복이나 기타 여러 역사상 주요 사건으로 인해 다른 어떠한 게르만어파의 언어보다 프랑스어와 라틴어의 영향을 받아 왔지요. 영어는 잉글랜드 지역에서 브리튼 제도 전체로 확산되었고, 마침내 오늘날의 미국, 캐나다, 오스트레일리아, 뉴질랜드 등의 과거 대영제국의 영토와 혹은 식민지 (파키스탄, 가나, 인도, 나이지리아, 남아프리카, 케냐, 우간다)로도 확산되기에 이르렀습니다.

**현재의 영어**

영어의 파급은 대영제국의 대외 팽창으로 인해 전 세계로 영어가 확산되고, 제2차 세계 대전 이후 미국의 경제적 문화적 영향력이 증가한 데에 기인합니다. 현재 약 3억 8천만 명이 영어를 모국어로 사용하고 있으나, 제 1외국어로 사용하는 사람은 10억 명 이상인 것으로 파악됩니다.

원어민의 수만 따진다면 중국어나 힌디어가 영어보다 더 많이 사용된다고 할 수 있으나, 이들 언어는 제1언어나 제2언어 사용자를 모두 고려한다고 하더라도 영어에 비하면 훨씬 제한된 지역에서 사용되고 있으며 그 영향력은 영어의 위력에 미치지 못하지요.

현재 영어는 다양한 종류의 의사소통이나 과학, 사업, 항공, 오락, 외교, 인터넷 등의 분야에서 주된 국제어로 사용되고 있습니다. 실제로 1945년 UN 설립 이래 계속 UN의 공식 언어들 중 하나이랍니다. 세계 속의 한국인으로 미래를 짊어질 여러분, 영어를 배워야 하는 이유가 분명하지요?

## Wrap-up

### 1. 오랜만에 만났을 때

- How have you been? Long time, no see.
- If it isn't Chulsoo!
- It has been a long time since we last met.

### 2. 계획을 나타낼 때는 be planning to V

- 유사한 표현으로는 be going to V, want to become N 등등이 사용됨.

### 3. That's why~ 구문

- I love animals. That's why I bought a puppy, yesterday.

### 4. 계속 연락하며 지냅시다.

- Let's keep in touch.

# LESSON 2

# Are you free tonight, by any chance?

## Introduction

### 말하기 포인트

전화로 대화하기
시간형편 묻기
제안하기

### 유용한 표현

Can I take a message?
She is on her cellular phone.
Are you free tonight, by any chance?
Can you make it at noon?
How about going out for dinner?

Happy English I | 이길영 교수

# Warm-Up

## B  Brainstorming 1-1

> M: Hello, this is Duri Company. How may I help you?
> W: May I speak to Mr. Song, please?
> M: He is on another line. Can you hold on, please?
> W: All right. I'll wait.

위의 대화에 대하여 아래 답을 고르세요.

A: What are they doing?
B: They are _____.

① talking face to face　　　② communicating by email
③ sending documents by Fax　　④ talking over the phone

## B  Brainstorming 1-2

전화할 때 자주 쓰이는 구문들을 모두 ☑하세요.

- Hello.
- Who's calling, please.
- Here's your soup.
- You've got the wrong number.
- Now it's time to turn left.
- Let me call you back.
- Let me look down your throat.
- Are you still on the line?

 Brainstorming 1-1: ④
Brainstorming 1-2: Hello., Who's calling, please., You've got the wrong number., Let me call you back., Are your still on the line?

## B  Brainstorming 2

아래 두 문장의 상황에 맞는 그림을 각각 골라 보세요.

A: I'm happy that the swimming pool is free today.
_____

B: I'm free today and I will be at the swimming pool all day long.
_____

[정답] Brainstorming 2: A - 수영장이 오늘 무료라서 기쁘다.(오른쪽 그림)
B - 난 오늘 자유로운 날이어서 하루 종일 수영장에 있을 것이다.(왼쪽 그림)

## D  Dialogue

**Minho** May I talk to Sunmi, please?
**Man** She is on her cellular phone. Can I take a message?
**Minho** Well... just tell her that Minho called.
**Man** Oh, hold on. She just hung up.

**Sunmi** Hello? Sunmi speaking.
**Minho** Hey, this is Minho. How's it going?
**Sunmi** Good. What's up, Minho?
**Minho** Not much... uh... oh, it was terrific to meet you the other day. Um ... are you free tonight, by any chance? How about going out for dinner?
**Sunmi** Tonight? I am sorry. I have to see my uncle. He had an accident at work and has been in bed for two months.
**Minho** Oh, really? Sorry to hear that. I hope he'll get well soon.
**Sunmi** Thank you.
**Minho** Um, how about tomorrow, then? Will you be available tomorrow?
**Sunmi** Tomorrow? Sorry.
I'll be tied up all day long, tomorrow.
**Minho** Hmm ... I wonder if you are free on Friday night, then.
**Sunmi** I work at a part-time job every Friday.
**Minho** When do you have time then?
**Sunmi** Uh... this Saturday.
**Minho** Super.
Why don't we make it at noon at the coffee shop beside the Insadong Gallery?
**Sunmi** OK. I'll see you there. Bye.
**Minho** Bye bye.

Lesson 2  Are you free tonight, by any chance? [2주차]

## 해 석

**민호**  선미랑 통화할 수 있을까요?
**남자**  핸드폰으로 통화중인데요. 메시지를 남기실래요?
**민호**  음… 그냥 민호가 전화했다고 전해 주세요.
**남자**  어, 끊지 말고 계세요. 방금 전화를 끊었거든요.
**선미**  여보세요? 제가 선미인데요.
**민호**  어, 나 민호입니다. 어떻게 지내요?
**선미**  잘 지내요. 민호 씨는 잘 지내요?
**민호**  그럭저럭요… 어… 요전 날 만나서 정말 좋았어요.
  음… 오늘 밤에 혹시 시간 있어요? 저녁 먹으러 가는 거 어때요?
**선미**  오늘 밤에요? 미안해요. 나 삼촌을 뵈러 가야 해요.
  직장에서 사고를 당하셔서 두 달 동안 누워 계시거든요.
**민호**  정말요? 참 안 되었네요. 빨리 나으시길 바래요.
**선미**  고마워요.
**민호**  음, 그럼 내일은 어때요? 내일은 시간이 있어요?
**선미**  내일요? 미안해요, 내일은 하루 종일 꼼짝 못할 거예요.
**민호**  음, 그럼 금요일 밤에 시간이 되는지 모르겠네요.
**선미**  난 매주 금요일에 아르바이트를 해요.
**민호**  그럼 언제 시간이 있어요?
**선미**  어… 이번 토요일요.
**민호**  잘됐어요.
  인사동 갤러리 옆에 있는 커피숍에서 12시에 만나는 게 어때요?
**선미**  좋아요. 거기서 봐요. 안녕.
**민호**  안녕.

## C) Comprehension

**1. 대화 내용과 맞는 것은 어느 것입니까?**

① Minho called Sunmi, but she was not there.
② Sunmi should see a doctor since she was sick.
③ Minho wanted to speak with Sunmi.
④ Sunmi gave a call to Minho.

**2. 대화 내용과 맞는 것은 어느 것입니까?**

① Minho had never met Sunmi before.
② Sunmi was avaliable anytime.
③ Minho was busy because of his part-time job.
④ They're going to meet at a coffee shop.

 Comprehension: 1. ③  2. ④

## Coffee Break

잠시 머리를 식히면서 쉬었다가 갈까요?

### Is that for here or to go?

여기서 드실 것인가요 아니면
밖으로 가지고 나갈 것인가요?

제가 유학 가서 수업 첫 날, 학교 안에 있는 버거킹에 들어갔을 때 일입니다. 그때만 해도 저는 한국에서 패스트 푸드점을 경험해 보지 못했기에, 미국에서 처음 간 패스트 푸드점에서 못 알아들어 고생했던 기억이 생생합니다.

앞에서 주문하는 학생들을 따라 저도 I'd like to take combination one, please. (1번 세트메뉴 주세요.) 여기까지는 잘 했습니다.
그런데 그 직원 Is that for here or to go? 하는데 제가 못 알아들었습니다.
그리하여 제가 Pardon? (다시 말씀해 주실래요?) 하고 재차 물었더니 이야기하는데 또 못 알아들었습니다. 보다 정확히 말씀드리면, here와 go라는 단어는 들렸지만 이 상황에서 이것이 무슨 내용인지 전혀 몰랐지요.

저는 용기를 내고 다시 재차 이렇게 물었습니다. 보다 분명히 하려고 말이에요. 'How do you spell?' (철자가 어떻게 되지요?) 그러자 이 아가씨, 이 동양 청년을 연민의 정으로 보더니 또 박또박 말합니다. "H, E, R, E, and G, O" 한 번도 패스트푸드점을 경험하지 못한 저는 참으로 이상한 질문이라고 생각을 하고 짧은 시간이나마 고민을 하게 되었습니다. Here?.. Go?... 햄버거를 받고 저는 어쨌든 여기를 떠나갈 것이니, 저는 'Go.' 했습니다.
잠시 후 제게 주어진 햄버거는 봉투 안에 넣어진 햄버거였습니다.

그때까지 한 번도 take-out을 경험해 보지 못 했던 저는 그제서야 그 의미를 깨달았습니다만 이미 늦었습니다.
저는 매장 안의 테이블에 앉아 주섬주섬 햄버거와 coke(콜라), French Fries(감자튀김)를 봉투 에서 꺼내 먹기 시작했습니다... ㅠㅠ

## Main Study

### E） Expression I

**❶ May I speak to ~ ?**  전화통화시 누구를 바꿔 달라고 할 때 쓰는 표현
- ▶ May I speak to Sunmi, please?
- ▶ I'd like to speak to Sunmi, please.
- ▶ Is Sunmi there? (격식없이 쓰는 말)

**❷ She is on her cell phone.**  그녀는 핸드폰 통화 중입니다.
- ▶ a cell phone = a cellular phone = a mobile (phone)
  a hand phone은 바른 영어가 아님
  - ▷ She is on the cell phone, now.
  - ▷ She is on the other line, now.
  - ▷ She is on another line, now.

**❸ Can I take a message?**  메시지를 남기시겠습니까?
- ▶ 동일한 의미로 자주 쓰이는 표현:
  - ▷ Would you like to leave a message? = Can you leave a message?

**❹ hung up**  (전화를) 끊었다
- ▶ hang-hung-hung 걸다 매달다
- ▶ hang-hanged-hanged 교수형에 처하다
- ▶ hang up: 전화를 끊다
- ▶ hang on (= hold on): 잠시 기다리다 (전화 끊지 말고)

**❺ Sunmi speaking.**  (전화에서) 선미입니다.
- ▶ 전화에서는 자신을 지칭할 때
  'I am ~'의 표현을 쓰지 않음을 주의.
  - ▷ 'I am Sunmi.'가 아니라 'This is Sunmi.', 'This is Sunmi speaking.', 'Sunmi speaking.'

**❻ How is it going? / What's up**  안녕? (잘 있었니?)
- ▶ 친한 사이에 자주 쓰임.
- ▶ 특별히 What's up?은 격식 없이 젊은이들 사이에 쓰는 말. What's new?와도 같은 뜻
- ▶ What's up?에 대한 응답은 주로 Not much가 많음.
- ▶ 농담으로 What's up?에 대한 대답으로 Sun 혹은 ceiling 하기도 함.

**Lesson 2 Are you free tonight, by any chance? [2주차]**

❼ Are you free tonight? 오늘 밤 시간 있나요?
   = Are you available tonight?
   = Do you have time?

❽ by any chance
   '혹시' 라는 뜻으로, 무엇인가 물어볼 때 주로 질문의 끝에 붙여서 씀.
   예) Do you know Minho's fax number by any chance? 혹시 민호의 팩스번호 아시나요?

❾ How about going out for dinner? (저녁 외식 어때요?)
   ▶ go out for lunch 점심식사 하러 가다 (외식하다)
   ▶ go out with ~ ~와 데이트하다
      go out with Jenny 제니와 데이트하다
   ▶ 제안할 때 하는 표현들
      ▷ How about ~ing?
      ▷ What about ~ing?
      ▷ Would you like to V?

❿ He has been in bed for two months. 그는 두 달 동안 병상에 있었다.
   사고가 났기에 has been in bed 라는 표현은 계속 아파 '병상에 있다'로 해석

⓫ Sorry to hear that. 그것을 들으니 유감입니다.
   ▶ bad news를 접했을 때 유감을 표시하는 말.
      ▷ A: I got flunked in English exam. 영어 시험에서 낙제했어.
         B: (I'm) sorry to hear that. 저런, 안됐구나.

⓬ get well soon 속히 회복되다
   ▶ 빨리 회복하길 바란다는 말로 자주 쓰임.
   ▶ 누가 아프다는 말을 들었을 때 That's too bad. 곧이어 I hope he/she will get well soon.
      은 마치 공식적으로 잘 쓰임.
      ▷ I hope he will be restored to health soon.
      ▷ I hope he can recover his health soon.

## Q POP QUIZ I

**Q1** '그분은 지금 다른 전화로 통화 중인데요'에 대한 표현으로 <u>틀린</u> 것을 고르세요.

① He's on another line now.
② He's got the wrong number.
③ He's tied up with another call right now.
④ He's busy on the line talking to someone else.

≪Hint≫ have (get) the wrong number 전화를 잘못 걸다.

**Q2** 점심 제안을 할 때 사용하는 표현으로 적당치 <u>않은</u> 것은 무엇인지요?

① How about going out for lunch?
② What about going out for lunch?
③ Would you like to go out for lunch?
④ Why are you going out for lunch?

≪Hint≫ why are you~ → 제안이 아니라 이유를 묻는 형태

정답  Pop Quiz 1 : 1. ②  2. ④

Lesson 2  Are you free tonight, by any chance? [2주차]

### E) Expression II

**⓭ Will you be available tomorrow? 내일 시간이 되세요?**
- available이란 단어는 '이용할 수 있는 (usable, ready for use)'
  옷 가게에서 "I'm sorry but size 4 is not available."
  사람을 주어로 하여서는 '면회나 일 등에 응할 시간이 있는'의 뜻
  Will you be available tomorrow?
  = Will you be free tomorrow?
  전화자동응답기에 "I'm sorry but I'm not available now. So please leave a message."

**⓮ be tied up all day long 하루 종일 일에 얽매여있다**
- 동사 tie는 원래 '붙들어 매다, 묶다'라는 의미. 'be tied' 수동형(묶여져 있다)에 'up'을 붙여서 '일에 얽매여서 전혀 짬이 없다'는 뜻.
  ▷ 여기서는 all day long, '하루종일'

**⓯ part-time job**
- 우리가 흔히 말하는 아르바이트(aribeit)는 '일하다'는 의미의 독일어.
- 영어로는 part-time job

**⓰ When can you make it? 언제 약속이 가능한지요?**
- make it이라는 표현은 구어체에서 '제시간에 도착하다', '제대로 수행하다'라는 의미로 쓰임.
  ▷ 'I can't make it today.' 오늘 약속이 어렵겠는걸.
  ▷ 'When can you make it?' 언제쯤이면 약속을 정할 수 있겠느냐?
    이는 'be available'을 써서 When are you available?과 같은 말.

**⓱ Super**
- OK.보다 더 흔쾌히 좋다는 표현을 할 때 쓰입니다.
  ▷ Great.

**⓲ Why don't ...?**
- 앞에서 나온 How about~ing?, What about~ing?와 같이 상대방에게 제안하는 표현.
  ▷ 'Why don't you sit down?'
    '왜 앉지 않니?'라고 따지는 표현이 아니라 '앉으세요'라는 제안
  ▷ 'Why don't we go to see a movie tonight?' 오늘 밤 우리 영화 보는 것 어때요?

⑲ I'll see you there. 거기서 보아요.
> ▶ '거기서 보자' 라는 뜻. 주로 약속을 정한 후 대화를 마무리할 때 쓰임.
>> ▷ '그 때 보자'라고 할 땐, 'I'll see you then.'

## Q POP QUIZ II

**Q1** '내일 시간이 여유가 있어 만날 수 있는지' 물어보는 표현으로 맞지 <u>않는</u> 것을 고르세요.

① Are you free tomorrow?
② Are you available tomorrow?
③ I wonder if you are free tomorrow.
④ I will be tied up tomorrow.

≪Hint≫ tied up → 매여 있다 (바쁘다)

**Q2** 가벼운 제안이 <u>아닌</u> 것은?

① Why don't you exercise?
② Where do we exercise?
③ How about exercising?
④ Let's exercise.

≪Hint≫ where 는 여기서 '어디에'라는 원래의 의미.

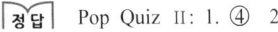
Pop Quiz II: 1. ④  2. ②

Lesson 2  Are you free tonight, by any chance? [2주차]

### E) Exercise I

다음 보기의 구문을 보고 각 문제의 빈칸을 채울 알맞은 것을 고르시오.

> Speaking.
> Oh, I'll be tied up.
> Next Monday will be OK.
> Not much.
> I hope he'll get well soon.
> Great.

**1**  A: How is it going?
   B: _____

《Hint》 안부를 묻는 인사로 자주 쓰입니다. How are you? 혹은 How are you doing? 과 비슷한 표현입니다.

**2**  A: What's up?
   B: _____

《Hint》 친한 사이에 자주 씁니다. '뭐 새로운 일 있어?' 정도의 의미이며 대답은 통상 '그렇지 않아', '그저 그래' 의미로 쓰는 상투어가 있습니다.

**3**  A: Will you be free tomorrow, by any chance?
   B: _____

《Hint》 '시간 있느냐'의 질문에 대한 답을 구하면 됩니다.

**4**  A: He had an accident at work last night.
   B: _____

《Hint》 병문안 가면 회복되길 빌며 통상 하는 말입니다.

**5**  A: When can you make it?
   B: _____

《Hint》 'make it' 시간에 대한 약속을 할 때 쓰는 표현입니다.

정답  Exercise I : 1. Great. 2. Not much.  3. Oh, I'll be tied up.
   4. I hope he will get well soon.  5. Next Monday will be OK.

## E > Exercise II

**1** 남길 메시지가 있습니까?

   Can I _____?

   ≪Hint≫ take라는 동사를 사용합니다.

**2** 막 전화를 끊었습니다.

   She just _____.

   ≪Hint≫ hang-hung-hung

**3** 오늘 밤, 혹시 시간이 있어요?

   _____?

   ≪Hint≫ 혹시- by any chance

**4** 저녁식사 하러 갑시다.

   How _____?

   ≪Hint≫ how about ~ing?  제안을 하는 표현

**5** 정오에 만납시다.

   Let's _____.

   ≪Hint≫ 약속을 할 때 하는 표현은 동사 make를 씀.

정답  Exercise II: 1. take a message 2. hung up 3. Are you free tonight, by any chance
      4. about going out for dinner 5. make it at noon

# Bonus

Lesson 2  Are you free tonight, by any chance? [2주차]

세계화 시대를 맞이하여 해외여행 시 필요한 표현을 알아보도록 하겠습니다.
항공권을 받을 때 좌석을 배정받고, 짐을 부치는 장면입니다.

A  Should I check this bag?
B  No, you may carry it on, sir.
A  Oh, I'd like to get a window seat.
B  OK.
A  When is the boarding time?
B  It's in about an hour. Have a pleasant flight, sir.
A  I will. Thank you.


A  이 가방을 부쳐야 합니까?
B  아니요, 들고 가셔도 됩니다.
A  아, 그리고 창가 쪽 좌석으로 부탁합니다.
B  알겠습니다.
A  탑승시간은 언제이지요?
B  약 한 시간 후입니다. 즐거운 비행이 되세요.
A  그러지요. 감사합니다.

❖ 비행기 탑승 전에 check-in counter에서 항공권(airline ticket)을 탑승권(boarding pass)으로 바꾸고 짐을 수하물(baggage)로 맡기게 됩니다.
- 수하물로 짐을 부치는 것은 check라는 동사를 씁니다.
  (기내로 가지고 들어가는 것은 carry라는 동사를 쓰고 carry-on bag은 기내에 가지고 타는 가방을 말합니다.)
- board라는 단어는 '탑승하다'의 의미입니다. 비행기뿐 아니라 선박, 기차 등 모든 탈 것에도 해당되지요.

❖ 항공여행일 경우는 pilot에게뿐만 아니라, 승객에게도 flight(비행)라는 단어를 사용합니다.
- Have a good flight.
  (좋은 비행이 되세요. 즉, 비행기를 이용한 즐거운 여행이 되세요.)

## Crossroads
### 미국영어와 영국영어

**미국 영어**

미국에서 사용되는 영어의 형태이며, 세계 많은 곳에서 공용어 또는 제2언어로 사용되는 언어입니다. 교육과 출판에서 미국 영어를 사용하는 경향을 보이는 지역에는 러시아를 포함 동유럽의 대부분, 대한민국, 중화민국 및 필리핀 등의 아시아 지역 (옛날 대영제국의 식민지였던 홍콩과 싱가포르를 제외), 아메리카(캐나다, 자메이카와 바하마 등의 옛 영국 식민지는 역시 제외), 그리고 아프리카에서는 라이베리아, 나미비아가 있습니다. 세계은행(World Bank), 미국 전기·전자 통신학회(IEEE)와 여러 단체들 중 미국의 단체들 역시 미국 영어를 사용하지요.

\* 캐나다 영어는 미국 영어에 포함되지 않는데, 캐나다 영어의 발음과 어휘는 미국 영어와 매우 비슷하지만, 캐나다 영어의 철자법은 종종 영연방식을 따릅니다.

**영국 영어**

영국 전역과 특히 아프리카(남아프리카 공화국과 이집트를 포함)의 대부분 지역, 남아시아(파키스탄, 인도 및 방글라데시), 몰타, 오스트레일리아와 뉴질랜드, 그리고 동남아시아의 일부 지역(미얀마, 싱가포르, 말레이시아와 타이), 일본, 그리고 홍콩 등의 대영제국의 옛 식민지들에서 사용되는 영어의 형태입니다.

미국 영어처럼, 영국 영어도 세계 여러 지역에서 공용어로 사용됩니다. 영국 영어는 그 사용자의 대부분이 영연방 국가에 살고 있기 때문에, 영연방 영어라고도 불리지요.

영국 영어를 사용하는 다른 집단에는 유럽 연합(EU), 그리고 국제 연합(UN). 국제 올림픽 위원회(IOC), 북대서양 조약 기구(NATO), 세계 무역 기구(WTO)와 국제 표준화 기구(ISO) 등의 많은 국제단체들 역시 영국 영어를 사용합니다.

## Wrap-up

### 1. 전화로 대화하기

- Can I take a message?
- She is on her cellular phone.

### 2. 시간형편을 묻기

- Are you free tonight, by any chance?
- Can you make it at noon?

### 3. 제안하기

- How about going out for dinner?

# LESSON 3

# You shouldn't have worried about it

## Introduction

### 말하기 포인트

의도했으나 이루지 못했을 때를 설명하는 기능
과거 일어난 일에 대한 후회

### 유용한 표현

I was going to say hello, but ~
Come on.
You shouldn't have worried about it.
Why not?
I've got to check whether ~

Happy English I | 이길영 교수

## Warm-Up

### B ⟩ Brainstorming 1

> **Woman**: I'm sorry that I'm not able to make it at 7p.m.
> **Man**: Really? It's a very important meeting! You should come right now.
> **Woman**: Well, I was going to call you. But I have to go somewhere else, now.
> **Man**: What? Why didn't you call earlier, huh?

위의 대화에 대하여 아래 답을 고르세요.

A: How does he feel now?
B: He feels _____.

① great   ② sad   ③ angry   ④ hungry

### B ⟩ Brainstorming 2

다음 대화에서 빈칸에 들어갈 알맞은 것을 모두 ☑ 하세요.

> A: I'm going shopping tomorrow.
> B: Can you buy a pencil case for me, please?
> A: _____
> B: Thank you for your kindness.

- What?
- Sure.
- How come?
- Why not?
- Why me?

---

**정답**
Brainstorming 1: ③
Brainstorming 2: Sure., Why not?

## D  Dialogue

▶▶ **At the workplace**

**Chansoo**  Hey, Minho. I saw you at a coffee shop, last Saturday.

**Minho**  Oh, I went to 'Obin' next to Insadong Gallery. Is that the one where you saw me, Chansoo?

**Chansoo**  Yes, it is. Well, you were with a beautiful lady.

**Minho**  Haha, that's Sunmi. It's funny I didn't see you there.

**Chansoo**  Well, I was going to say hello, but on my second thought, I didn't want to interrupt your date.

**Minho**  Oh, come on. You shouldn't have worried about it. She is just a friend. You should have come over to say hello.

**Chansoo**  All right. I'll do that next time I see you. By the way, did you hear Steve is going back to Chicago next week?

**Minho**  Is he? He has been working so hard.

**Chansoo**  Yeah. He has been kind to us too. I'm thinking about having a dinner with him tomorrow. Would you like to join us?

**Minho**  Why not?

**Chansoo**  OK. Let's get together tomorrow. But I've got to check to see whether he is available, first. Then, I'll let you know.

**Minho**  All right. Thank you.

## 해 석

### ▶▶▶ 직장에서

**찬수**  안녕, 민호씨. 지난 토요일에 커피숍에서 당신을 봤어요.

**민호**  아, 나 인사동 갤러리 옆에 있는 '오빈'에 갔었는데. 찬수씨, 거기서 날 본거지요?

**찬수**  예, 그래요. 저... 아름다운 아가씨랑 같이 있던데요.

**민호**  하하, 그녀는 선미예요. 이상하군요, 난 거기서 당신을 보지 못했는데.
(왜 난 거기서 당신을 보지 못했지요?)

**찬수**  아, 내가 인사를 하려고 했는데요, 하지만 가만 생각해 보니까 민호씨의 데이트를 방해하지 않는 게 좋겠더라구요.

**민호**  아, 왜 이래요. 그런 건 걱정 할 필요 없었는데요. 그녀는 그냥 내 친구예요. 와서 인사하지 그랬어요.

**찬수**  좋아요. 다음에 당신을 보면 그렇게 할게요. 그런데, 스티브가 다음 주에 시카고로 돌아간다는 것 들었어요?

**민호**  그래요? 그는 꽤 열심히 일해 왔잖아요.

**찬수**  그렇죠. 우리에게 잘 해주기도 했는데 말 이예요. 난 내일 저녁이나 같이 할까 하는데, 우리와 함께 할래요?

**민호**  안 될게 뭐 있겠어요. (그러지요.)

**찬수**  좋아요. 내일 같이 만나지요. 하지만 그가 시간이 있는지 알아봐야 해요. 그리고 나서 당신에게 알려줄게요.

**민호**  좋아요. 고마워요.

Lesson 3  You shouldn't have worried about it [3주차]

## C Comprehension

1. 대화 내용과 맞는 것은 어느 것입니까?

   ① They are talking in a health center.
   ② Sunmi is a funny lady.
   ③ Minho is going back to New York.
   ④ Minho was with Sunmi in a coffee shop.

2. 대화 내용과 맞는 것은 어느 것입니까?

   ① They are from the same family.
   ② They are talking about Sunmi's marriage.
   ③ They are thinking about having dinner with Steve.
   ④ They have a plan to go to a movie.

정답  Comprehension: 1. ④  2. ③

# Coffee Break

잠시 머리를 식히면서 쉬었다가 갈까요?

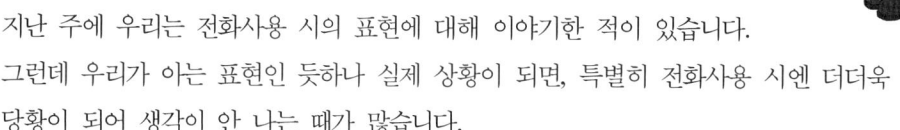

'네, 이제 (바쁘실텐데) 전화 끊겠습니다'

OK, I'll let you go, now.

지난 주에 우리는 전화사용 시의 표현에 대해 이야기한 적이 있습니다.
그런데 우리가 아는 표현인 듯하나 실제 상황이 되면, 특별히 전화사용 시엔 더더욱
당황이 되어 생각이 안 나는 때가 많습니다.

제가 유학 가서 얼마 안 된 때였습니다. 기숙사에서 지도교수님과 통화를 하고 있었습니다. 인도 사람인 지도교수님은 중년에 들어선 친절한 여자 분이셨습니다. 한참 이야기를 하고 이제 끊어야 하는 분위기였습니다. 교수님이 먼저 끊자고 이야기를 할 것으로 생각하고 저는 기다렸으나, 교수님은 웬일이지 (아마도 저를 배려한 듯) 그렇게 먼저 끊자고 하지 않았습니다. 저는 그럼 제가 먼저 이야기해야 하겠다고 생각하고는 hang up (전화를 끊다)이라는 표현을 이용하여 "OK, I'll hang up the phone, now"라고 하였습니다. 이는 순전히 우리 한국어의 표현 "자, 이제 끊을께요"에서 생각한 표현이었습니다. 그리고는 수화기를 내려놓았습니다. 그러자 제 룸메이트가 저를 의아하게 쳐다보며 말합니다.

"Hey, are you mad?" (화났니?)

저는 그 친구의 말을 듣고 비로소 제가 실수한 것을 깨달았습니다.

전화 끊을 때는 'I'll hang up the phone' 하지 않습니다. 혹시 화가 나서 쾅 끊을 때이면 몰라도 말입니다. 그럼 어떻게 할까요? 먼저 끊는 분위기를 다양하게 알려주어야 합니다.

'Thank you', 'Thank you for calling', 'It was nice talking with you'. 혹은 'OK', 'All right' 그러면 상대방도 끊는 마음의 준비를 하게 됩니다. 이에 덧붙여 확실히 의사표현을 한다면, 'I must go' 혹은 상대방이 바쁜 것을 배려하는 마음으로 이제 놓아 드리겠습니다의 의미로 'I'll let you go now' 등등을 사용하지요. 여운을 남긴다면 'I'll talk to you later' 이것도 사용합니다.

## Main Study

### E) Expression I

**❶ next to**
- next to = beside ~옆에
- in front of~ : ~앞에
- behind : ~뒤에
- between A and B : A와 B의 사이에
- across from/opposite~ : ~의 건너편에

**❷ Is that the one where you saw me?** 그곳(coffee shop)이 당신이 저를 본 곳이지요?
- 여기서 one은 coffee shop을 지칭. where 이하는 장소를 표시하는 관계부사절로 one을 수식
  - I can't forget the park where I met her for the first time.
  - 나는 그녀를 처음 보았던 그 공원을 잊지 못한다.

**❸ It's funny that I didn't see you there.** 제가 당신을 그곳에서 보지 못한 것이 이상하네요.
- There was something funny about those extra charges.
  그 할증 요금에는 좀 이상한(수상한) 점이 있었다.
- The milk has a funny smell.
  이 우유엔 좀 수상쩍은 냄새가 난다. (아마도 유효기간이 지난 우유인 듯)
  - funny 우스운, 이상한, 수상쩍은

**❹ I was going to~**
- 'was/were going to'의 의미는 '~ 하려고 했었다' 그런데, 의도했지만 뜻대로 되지 않았을 경우로 쓰일 때에는 뒤에 but이 따라 나옴. 의미는 '~ 하려고 했는데 그렇게 하지 못했다'가 됨. 이 문장에서는 인사를 하려고 했는데 그러지 않았다는 결과를 나타내고 있습니다.
  - I was going to stay there, but I had to leave because of the emergency phone call.
    머물러 있으려 했지만 긴급전화가 와서 떠나야만 했습니다.

**❺ say hello = say hi**
- say hello = say hi '인사를 하다'는 뜻.
  - A: Hey, what's up? 무슨 일이야?
    B: Not much. I just stopped by to say hello. 별거 아냐. 단지 인사하려고 들렸어.

❻ on my second thought   재고해보니

▶ on my second thought

⇒ 'on + one's second thought' '재고해보니, 다시 생각해보니'라는 뜻

❼ Oh, come on.

▶ '아이, 왜 그래.' '그건 말도 안 되는 소리...' 등등의 의미로 만류할 때 감탄사처럼 쓰임. 이 때 intonation은 아래로 내려감. 예를 들어, 농담이 지나치다면 Come on(말도 안 되는 이야기 그만 둬)을 씀.

▷ 이외에도 명령으로 '이리로 와' 할 때 Hey you! Come on here.
▷ 운동경기에서 응원할 때 Come on, Daeho! '대호 선수, 힘내!'
▷ 재촉의 의미일 때 Come on, let's wash the car, now.

## Q  POP QUIZ

**Q1** funny의 뜻이 다음 중 세 개와 <u>다른</u> 하나는 어느 것인지요?

① Hey, what's the name of the <u>funny</u> guy on the television show?
② What's so <u>funny</u>? Don't laugh.
③ The milk seems to have gone bad. It has a <u>funny</u> smell.
④ I'll tell you a <u>funny</u> story. I'm sure it will make you laugh.

≪Hint≫ funny의 의미에는 '웃기는'의미 이외에도 '기묘한, 수상한'의 뜻이 있습니다. 여기서 3번은 '우유가 상한 것 같다'라는 말 다음에 나오니 '웃기는'의 의미가 아님을 알 수 있습니다.

**Q2** 다음 come on의 사용 중에서 '만류'의 의미로 감탄사처럼 쓰인 것은 어느 것인지요?

① Hey, <u>come on</u> here. I'll show you something.
② <u>Come on</u>. You should not do it that way.
③ Home run, home run.... Hey, Choo Choo train, <u>come on</u>!
④ <u>Come on</u>. Let's finish painting the wall.

≪Hint≫ 1번은 명령어로 '이리와 봐', 3번은 홈런을 외치는 관중들의 소리에서 나오는 것이기에 '응원'임을 알 수 있고, 4번은 '어서 페인트칠을 끝내자'는 '재촉'임을 알 수 있습니다.

정답  Pop Quiz I : 1. ③  2. ②

## E  Expression II

❽ You shouldn't have ~. / You should have~.
- ▶ 무척 중요한 기본 구문입니다.
- ▶ should + have + pp. (동사의 과거완료형)을 써서 '~을 했었어야만 했다'.
- ▶ should not + have + pp. / '하지 말았었어야 했다'
- ▶ You should have come over. 이곳으로 왔었어야만 했는데…
  - ▷ You shouldn't have worried about it. 걱정하지 말았어야 했는데…
  - ▷ I'm feeling sick. I shouldn't have eaten so much ice cream. 몸이 지금 안 좋아. 나는 아이스크림을 그렇게 많이 먹지 말았어야 했는데…
    (이 내용은 결국 I ate too much ice cream. '나는 너무 많은 아이스크림을 먹었다'의 사실을 이야기하고 있음.)

❾ By the way 그런데
- ▶ 대화의 화제를 바꿀 때 자주 쓰이는 표현. 종종 but이라는 표현과 혼동해서 쓰는 사람들이 있으므로 주의.
- ▶ 'I was going to buy a new cell phone. (By the way / But) I've decided to keep using the old one.'에서 맞는 표현은 by the way가 아니라 but. 한국어에선 '그런데'가 '그러나'를 대신해서 쓰여도 별로 어색하지 않지만 영어에서는 상당히 이상한 말이 되어버림.

❿ I'm thinking about having dinner with him. 그와 함께 저녁을 먹을까 생각 중입니다.
- ▶ I'm thinking about~ 은 미래에 대한 불확실한 계획을 나타내는 표현입니다.
  I'm going to~ 나 I'll ~ 에 비해서 확실성이 상당히 떨어지지요. 유사한 의미로
  - ▷ I might be going to have dinner with him.
  - ▷ I'm planning on having dinner with him.

⓫ Why not? 안 될게 뭐 있어요?
- ▶ Why not? '안 될 게 뭐 있어?' 즉 '그래, 그러자.' 라는 뜻.
  = 'Sure.' 'Certainly.' 'I'd love to.'
  같이 무엇인가 하자고 하는 제의를 거절 할 때는 그냥 'No.'라고 하면 상대방이 무척 무안하므로 'I'd love to. But I can't.' (그러고 싶은데, 안 되겠네요.)
  - ▷ A: Would you like to go to see a movie tonight? 오늘 밤 영화 볼래요?
    B: I'd love to, but I can't. 그러고 싶은데, 안 되겠네요.

❷ have got to  ~해야만 한다
  ▶ have to, should의 구어체적 표현.
    ▷ A: I've got to go. It's getting late. 가야만 해요. 늦어가고 있거든요.
      B: Please don't go. 가지 말아요.
      A: I really have to. I've got to meet someone at the station. 정말 가야해요. 정거장에서 사람을 만나야 해요.

❸ whether ~인지 아닌지
  ▶ whether나 if는 간접의문문의 명사절을 이끌어 '~인지 아닌지'라는 뜻.
    ▷ I asked whether he could help (or not). 그가 도울지 아닐지를 물어보았다
    ▷ I am not sure if it is true (or not). 그것이 사실일지 아닐지 확신이 없다
    ▷ Check whether he has come (or not). 그가 왔는지 안왔는지 확인해 보아라.
      문장 끝에 or not은 생략 가능함.

Lesson 3  You shouldn't have worried about it [3주차]

## Q POP QUIZ II

**Q1** 다음 문장의 뜻에 부합되는 것을 고르시오.

> He should have sent a birthday card to her.

① He sent a birthday card to her.
② He didn't have to send a birthday card.
③ It was wrong that he did not send a birthday card to her.
④ He did not understand why he sent a birthday card to her.

≪Hint≫ '그는 그녀에게 생일카드를 보냈어야만 했는데' 라는 뜻인데, 곧 이는 안 보낸 것을 후회하는 것이 담겨 있습니다.

**Q2** 다음 문장의 응답으로 보기 중 세 개와 다른 의미를 고르시오.

> Would you like to go shopping tonight?

① Why not?
② Sure.
③ Certainly.
④ How come?

≪Hint≫ 'Why not?', 'Sure', 'Certainly' 이는 모두 '반드시', '물론'이라는 말이지만 'How come?'은 '왜?' 하며 의문을 제기하는 말입니다.

정답 Pop Quiz II : 1. ③  2. ④

## E. Exercise I

**1** 다음 제시하는 문장의 의미와 일치하는 것을 고르세요.

> I was going to stay there, but I had to leave because of the emergency phone call.

① I wanted to stay there, but I could not stay.
② I didn't want to stay there, but I had to.
③ I wanted to stay there, and I did.
④ I didn't want to stay there and I left.

≪Hint≫ was going to, were going to는 '~을 하려고 했었다'가 됩니다.
의도했지만 뜻대로 되지 않았을 경우에는 뒤에 but이 따라 나와서 '~하려고 했지만 그렇게 하지 못했다.'의 뜻이 됩니다.

**2** 다음 제시하는 문장의 의미와 일치하는 것을 고르세요.

> She shouldn't have worried about it.

① She didn't have to worry about it, and she didn't worry.
② She didn't have to worry about it, but she worried.
③ It was wrong that she didn't worry about it.
④ She did not understand why she didn't worry.

≪Hint≫ should not + have + pp. '~하지 말았어야 했다.'의 의미

**3** 다음 제시하는 문장의 의미와 일치하지 <u>않는</u> 것을 고르세요.

> I'm thinking about having a dinner with him.

① I might be going to have a dinner with him.
② It is possible to have a dinner with him.
③ I'll surely have a dinner with him.
④ I am likely to have a dinner with him.

≪Hint≫ 미래에 대한 불확실한 계획을 나타내는 표현입니다. I'm going to~, I'll~ 표현보다는 확실성이 떨어짐.

[정답] Exercise I : 1. ① 2. ② 3. ③

Lesson 3  You shouldn't have worried about it [3주차]

## E  Exercise II

**1** 문장에서 available을 포함하여 빈칸을 채우세요.

'그가 오늘 밤 시간이 있는지, 없는지 알아보아야 한다.'
I've got to check_____tonight.

**2** 빈칸을 채우세요.

'나는 작년에 해외에 가려 했지만 내가 다시 생각해서 신종플루로 인해 그 계획을 포기했다.'
I was planning to go abroad, last year, but _____
I gave up the plan because of swine flu.

**3** 초청의 의미로 빈칸을 채우세요.

'우리와 함께 하시겠어요?'
_____

**4** 뜻이 될 수 있도록 빈칸을 채우세요.

'정보를 얻는 대로 제가 알려 드리겠습니다.'
I don't know when I'll get the information. When I get it,
_____

**5** '인사를 하다'의 의미로 할 수 있는 표현으로 채워보세요.

So, you come downtown once a week. Please stop by and _____.

정답  Exercise II : 1. whether he is available 혹은 if he is available
2. on my second thought
3. Are you going to join us?
4. I'll let you know
5. say hello 혹은 say hi

# Bonus

세계화 시대를 맞이하여 해외여행을 언젠가 할 우리들인데 보너스에 있는 다음의 내용을 덤으로 한번 알아봅시다. 비행기를 타는 경우, 특별히 해외여행일 경우에는 검색이 매우 심하답니다.

A  Please empty your pockets and put your personal effects on the conveyor.
B  OK.
A  May I open your briefcase?
B  Sure. Go ahead, please.
A  What's this?
B  It's my laptop computer.
A  Would you mind taking it out and turning it on, please?
B  No, not at all.
A  That's fine. You may go through now.

A  주머니를 비워주셔서 개인물품을 이곳 컨베이어에 올려놓으세요.
B  네.
A  서류가방을 열어도 되겠지요?
B  물론입니다. 어서 열어보세요.
A  이것은 무엇이지요?
B  랩탑 (노트북) 컴퓨터입니다.
A  꺼내서 켜 보실 수 있으시겠습니까?
B  물론입니다.
A  좋습니다. 통과해도 좋습니다.

❖ 'effect'는 '~에 대한 효력, 효과' 또는 '(원인, 작용)의 결과'의 뜻 외에 복수형으로 'effects'일 때 '재산, 물건(possession)'의 뜻이 있습니다. 그래서 여기서의 'personal effects'는 '휴대품, 개인 사물'의 뜻을 갖습니다.

❖ 공항에서 보안 검색을 할 때 랩탑 컴퓨터(laptop computer)나 카메라 등 전자 기계들의 전원을 켜보라는 요구를 합니다. 전원을 켜지 못하면 벌금을 물을 수도 있으니 미리 배터리를 충전하는 등의 사전 체크가 필요합니다.

## Crossroads
### 미국영어와 영국영어 - 발음의 차이점

영국영어 발음의 대표격인 Received Pronunciation (RP)은 지역적으로는 옥스포드, 캠브리지, 런던를 포함하는 잉글랜드의 남동부 지역 (일명 the Golden Triangle)에 기반을 두고 있는 사람들에 의해 사용됩니다.

반면에 미국영어발음의 대표격인 General American (Gen Am)은 미 Midwestern (중서부) 지방을 중심으로 사용되는 발음이지요. 여기서 중서부라 함은 아래 미국 지도에 보면 Illinois (IL), Iowa (IA), Missouri (MO), Nebraska (NE) 주로 연결된 것을 볼 수 있네요.

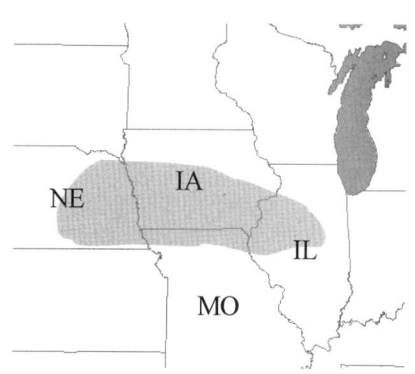

## Wrap-up

### 1. 의도했으나 이루지 못했을 때를 설명하는 기능

- I was going to say hello, but I couldn't.

### 2. 과거 일어난 일에 대한 후회

- should not have + pp.
- You shouldn't have worried about it.

### 3. 기타 표현

- Come on.
  매우 다양한 의미가 있음('말도 안돼', '오다'의 의미로, 응원, 재촉 등등).
- Why not?
  왜 아니겠어요? 당연하지.
- I've got to check whether~
  have got to = have to
  check whether = check if

# LESSON 4

# I'd like to make a reservation for dinner tomorrow

## Introduction

**말하기 포인트**

예약하기

**유용한 표현**

What restaurant do you recommend for Hanjungshik?
I'd like to make a reservation for dinner tomorrow.
Do you mind a corner table?
I'd prefer a table by the window.

Happy English I | 이길영 교수

## Warm-Up

### B〉 Brainstorming 1-1

> M: Hello, do you have any rooms available, tonight?
> W: Do you have a reservation, sir?
> M: No, I don't have a reservation, but can I still get a room?
> W: I'm afraid we do not have any rooms tonight.

위의 대화에 대하여 아래 답 가운데 적절한 것을 고르세요.

Where does he want to go, tonight?

① station　　　　　　　② airport
③ post office　　　　　④ hotel

### B〉 Brainstorming 1-2

다음 중 음식점에 예약을 할 때 오고 갈 수 있는 표현을 모두 ☑하세요.

- What restaurant do you recommend for Hanjungshik?
- We can get a good meal at a good price there.
- I'm looking for a blue jacket.
- Will you reserve a table for three at seven p.m., tomorrow, please?
- I'd like to have a room with the ocean view.
- I'd prefer a table by the window.
- May I have your name?

**정답**
Brainstorming 1-1: ④
Brainstorming 1-2: Will you reserve a table for three at seven p.m., tomorrow, please?
　　　　　　　　　I'd prefer a table by the window.
　　　　　　　　　May I have your name?

Lesson 4  I'd like to make a reservation for dinner tomorrow [4주차]

## B) Brainstorming 2

> **Man**: Is there a restaurant nearby?
> **Woman**: Yes. What would you like to have? We have a Mac Donald's near here.
> **Man**: I don't like fast food.
> **Woman**: We also have a high class American restaurant near here.
> **Man**: Good. Can you make a reservation for dinner tonight, please?
> **Woman**: I will.

위 대화의 바로 다음에 여자가 할 수 있는 말로 거리가 가장 먼 것은?

① Can I make a reservation?
② Non-smoking table, please.
③ Is the flight a non-stop?
④ Two people tonight.

정답  Brainstorming 2: ③

## D  Dialogue

| | |
|---|---|
| Chansoo | Minho, I just called Steve and he said he would be available tomorrow night. |
| Minho | Great. Where shall we meet? |
| Chansoo | Um, what restaurant do you recommend for Hanjungshik? |
| Minho | Recently, I went to a Korean restaurant called 'Biwon.' We can get a good meal there at a good price. |
| Chansoo | Great. Will you reserve a table for three at seven p.m. tomorrow, please? |
| Minho | Yes, I will. Hello, I'd like to make a reservation for dinner tomorrow night at seven. |
| Receptionist | Yes, how many, sir? |
| Minho | Three. |
| R | I see. Would you prefer a table in the smoking or nonsmoking section, sir? |
| Minho | Nonsmoking, please. |
| R | Would you like to sit in the corner, sir? |
| Minho | Not really. I'd prefer a table by the window, if possible. |
| R | I'm sorry. All tables by the window are booked, sir. |
| Minho | I see... hmm... |
| R | Sir, actually the table in the corner is one many people like. I'm sure you will enjoy the location. |
| Minho | Just a second, please. Chansoo, do you mind a corner table? |
| Chansoo | Not at all. |
| Minho | All right. I'll take the corner table. |
| R | OK. May I have your name? |
| Minho | Minho. M-I-N-H-O. |
| R | That's a table for three, nonsmoking, at 7:00 p.m., tomorrow. |

## Lesson 4  I'd like to make a reservation for dinner tomorrow [4주차]

**Minho**   Thank you.
**Chansoo** Thank you, Minho. Why don't you bring your friend, Sunmi, tomorrow?
**Minho**   OK, I'll ask her. I think she'll be happy to join us, since she likes meeting people.

### 해석

| | |
|---|---|
| 찬수 | 민호씨, 방금 Steve와 통화를 했는데요, 내일 저녁에 시간이 가능하답니다. |
| 민호 | 잘 됐네요! 어디서 만날까요? |
| 찬수 | 음, 한정식으로 추천할 만한 곳 있나요? |
| 민호 | 최근에 '비원'이라는 식당에 갔었는데요. 거기 음식도 맛있고 가격도 저렴해요. |
| 찬수 | 좋아요. 그럼 내일 저녁 7시 식사로 세 명 예약 좀 해주시겠어요? |
| 민호 | 알겠습니다, 그렇게 할게요. |
| | 안녕하세요. 내일 저녁 7시 예약이요. |
| 종업원 | 네, 몇 분이신가요? |
| 민호 | 세 명이요. |
| 종업원 | 알겠습니다. 흡연석으로 드릴까요? 비흡연석으로 드릴까요? |
| 민호 | 비흡연석이요. |
| 종업원 | 안쪽 코너 자리 괜찮으시겠습니까? |
| 민호 | 아니요. 가능하다면 창가자리로 주세요. |
| 종업원 | 죄송합니다. 창가자리는 이미 모두 예약이 완료된 상태입니다. |
| 민호 | 그렇군요... 음... |
| 종업원 | 손님, 코너 자리도 저희 손님들이 많이 찾는 자리로, 위치가 괜찮을 겁니다. |
| 민호 | 잠시만요. 찬수씨, 코너 자리로 해도 괜찮겠어요? |
| 찬수 | 그럼요... |
| 민호 | 그래요. 그러면 코너 자리로 해주세요. |
| 종업원 | 네. 손님 성함이요? |
| 민호 | 민호요. M-I-N-H-O. |
| 종업원 | 확인해드리겠습니다. 세 명이고요, 비흡연석, 내일 저녁 7시. |
| 민호 | 네, 감사합니다. |
| 찬수 | 민호씨, 고마워요. 내일 친구 선미씨도 데려오시지 그래요? |
| 민호 | 그래요, 물어볼게요. 사람 만나는 걸 좋아하니까 아마 오고 싶어 할 것 같아요. |

## Comprehension

1. 대화 내용과 맞는 것은 어느 것입니까?

   ① The are trying to get a room in a hotel.
   ② They want to cook Korean foods.
   ③ The want to stop smoking.
   ④ They are making a reservation for dinner.

2. 대화 내용과 맞는 것은 어느 것입니까?

   ① The restaurant is far away.
   ② They like the corner table very much.
   ③ The restaurant serves Korean foods.
   ④ They are invited by Sunmi.

 Comprehension: 1. ④  2. ③

# Coffee Break

잠시 머리를 식히면서 쉬었다가 갈까요?

> **Didn't you know? No, I didn't.**
>
> 몰랐니? 응, 몰랐어.

처음 외국생활을 했을 때 무척이나 애먹었던 기억이 납니다. 부정의문문을 예/아니요로 대답하는 방식이 우리말과 다르기 때문이었는데요. 그 날 갑작스런 일정변동에 어리둥절해 있던 제게 친구가 물었습니다. "Didn't you know?"(몰랐니?) 그래서 저는 몰랐다는 뜻으로 "Yes."(응, 몰랐어)라고 했습니다.

그러자 친구는 "Oh, I thought you didn't know."(아, 난 네가 모르는지 알았지)라는 것이었습니다. 참 황당했죠, 저는 분명히 모른다고 했는데 말입니다.

그래서 다시 이번엔 제가 "I didn't know."(몰랐어)라고 했더니, 이번에는 친구가 아예 "You said you did!"(안다면서!), 이러는 것이었습니다. 왜 의사전달이 안 됐냐고요?

우리말에서의 '예/아니요'는 통상 질문에 초점이 맞춰져 있습니다. 가령, "밥 안 먹었지?"라는 질문에 아직 먹지 않은 사람은 일단 이 질문에 대한 대답으로 "응."이라고 하고, 그 다음에 본인의 상황인 "안 먹었어."라고 합니다.

하지만 영어의 'yes/no'는 질문이 아닌 대답에 초점이 맞춰져 있습니다. 다시 말해, 대답에 부정이 들어있으면 무조건 no를 사용하고, 그렇지 않으면 (긍정문이면) yes를 사용합니다. 그러므로 "You haven't eaten yet, have you?"(밥 아직 안 먹었지?)에 대한 대답으로 밥을 먹지 않은 사람은 "No, I haven't."(아니, 밥 안 먹었어)라고 해야 합니다.

마찬가지로 "You didn't wait long, did you?"(오래 기다리진 않았지?)의 대답으로 "No (I didn't)."라고 해야만 오래 기다리진 않았다는 뜻이 되며, "Yes (I did)."라고 한다면 오래 기다렸다는 의미가 됩니다. 이 때 만약 "Yes, I didn't."라고 한다면 물어본 사람이 상당히 의아해 하겠죠? 뜻이 "오래 기다렸고, 오래 기다리지 않았어."가 되니까요~!

## Main Study

### E ) Expression I

❶ Minho, I just called Steve.  민호씨, 방금 Steve와 통화를 했는데요.
여기서 call은 '~에게 전화를 걸다'라는 의미. 그런데 '~에게'를 생각해서 call 앞에 전치사 'to'를 붙이는 실수를 하는 경우가 많으나 안 붙임에 주의.
(call은 타동사이기에 바로 대상이 나옴)
[예] Call me at nine. 9시에 나에게 전화 주세요.
[예] I tried to call her on cell phone. 그녀의 휴대폰에 전화하려고 했다.

- ▶ 'just'는 '이제 막, 방금'의 의미.
  - ▷ I just arrived. 저는 이제 막 도착했습니다.
  - ▷ I just saw him. 저는 이제 막 그를 봤습니다.

이렇게 just 바로 다음에 방금 시행한 동작을 붙이시면 됩니다.

- ▶ 'just'는 '이제 막'의 의미 이외에 '그냥'이라는 뜻이 있음.
  - ▷ I just came to see you. 저는 그냥 당신을 보러 왔습니다.
  - ▷ I just tried. 그냥 해 보았어요.

본문 내용에서 찬수는 Steve에게 '방금' 전화했다는 의미.

❷ He said he would be available tomorrow night. 그는 내일 밤에 시간이 된다고 이야기 했습니다.
- ▶ available → (무언가 할) 시간이 있다
  - ▷ I'm available now → 지금 시간 있어요.
  - ▷ Will you be available, tomorrow? → 내일 시간 있으세요?
- ▶ 유사한 표현으로 Do you have time? (시간 있으세요?)

이때, 중요한 것은 관사 없이 써야 한다는 것입니다. the를 붙이면 즉 "Do you have the time?"은 "몇 시 인지 아세요?, 즉 몇 시입니까"의 의미이니 주의.

❸ What restaurant do you recommend for Hanjungshik?
한정식으로 어느 식당을 추천하세요?
- ▶ recommend A for B → B에 대하여 A를 추천합니다.

## Lesson 4  I'd like to make a reservation for dinner tomorrow [4주차]

▷ You recommend what restaurant for Hanjungshik. 원래 이 문장이었는데 의문사를 앞으로 보내니, --> What restaurant do you recommend for Hanjungshik?
▷ recommend Nangmyun for lunch.
점심으로 냉면을 추천합니다.

그리고 우리가 "강추"라는 말을 요즘 많이 쓰는데 '적극 추천 합니다'라고 할 때, 어떤 부사와 어울릴까요? '높이 평가하여, 격찬하여'라는 뜻으로 'highly'가 있음.

▶ I highly recommend this restaurant for Chinese food.
저는 중국음식에 대해 이 음식점을 강력히 추천합니다.

또한 'recommend B to A'의 형태로 쓰이며, 'A에게 B를 추천하다'라는 의미를 갖습니다.

▶ I recommend this restaurant to you.
당신에게 이 식당을 추천합니다.
▶ He recommended this cafe to her.
그는 그녀에게 이 카페를 추천했습니다.

❹ We can get a good meal at a good price. 저렴한 가격에 맛난 음식을 얻을 수 있습니다.
▶ a good meal at a good price → 음식도 맛있고, 가격도 저렴.

good은 단순히 '좋다'라고만 해석하는 것이 아니라, 수식하는 명사에 따라 다양한 해석이 가능. 즉, a good meal은 '좋은 음식' 보다는 '맛난 음식'이 되고, a good price는 '좋은 가격' 보다 '저렴한 가격' 'reasonable'의 의미로 풀면 자연스러움.

▶ I bought this hat at a good price. 이 모자를 적정(싼) 가격에 샀습니다.

❺ (Picking up the phone) (전화기를 들며)
▶ pick up the phone → 전화기를 들다
▶ hang up the phone → 전화를 내려놓다(끊다)
▶ pick up → '(무언가를) 들다/줍다/습득하다' 이외에도 '(누군가를) 태우다'
▶ I picked up a pencil 연필을 주워 올렸습니다.
▶ She picked up the language very quickly. 그녀는 그 언어를 빨리 배웠습니다.
▶ I have to pick up my mom, tomorrow. 저는 내일 엄마를 픽업해야 합니다.

❻ I'd like to make a reservation for dinner tomorrow night at seven.
내일 밤 7시 저녁예약을 하고자 합니다.
- ▶ make a reservation → 예약을 하다. 동사 make를 씀에 주의.
- ▶ make a plan → 계획을 하다.
- ▶ make an attempt → 시도를 하다.

❼ Not really. 별로 그렇지 않아요.
- ▶ not really → '정말 아니다'로 해석되지 않고, '별로'라는 의미로 해석.
  Y: (In telephone voice) Would you like to sit in the corner, sir?
  M: Not really.

별로 내키지 않을 때 'No' 라고 단호하게 잘라 말하는 것보다 '글쎄요... 별로...'라고 말하는 것이 상대방을 당황하게 만들지 않으면서 자신의 의사를 표시할 수 있는 좋은 표현.

❽ I'd prefer a table by the window, if possible. 창가 옆 테이블을 선호합니다, 가능하다면.
- ▶ prefer → like better 그러므로 위 문장의 의미는 '가능한 한 창가자리가 더 좋겠는데요.'
  ▷ prefer: 비교 대상을 B로 놓고, prefer A to B(B보다 A를 더 좋아하다)로 쓰임. 이 경우 바로 앞에서 비교의 대상인 코너자리(구석자리)가 나왔기 때문에 비교대상을 다시 말하지 않고 바로 선호하는 것만 이야기하였음.

원래 문장은 아래와 같음.

- ▶ prefer A to B
  ▷ I'd prefer a table by the window to a table in the corner.
  I'd → I would (의지의 표현). "~하고자 합니다."

## Lesson 4  I'd like to make a reservation for dinner tomorrow [4주차]

### Q POP QUIZ I

**Q1** 다음 중 ( )에 공통으로 들어갈 단어는 무엇인가요?

> Don't throw it away. Pick it ( ) now.
> She picked ( ) the Japanese very quickly while she was in Japan.
> I have to pick ( ) my mom, tomorrow.

① after
② down
③ up
④ in

≪Hint≫ 세 '주어 올리다'의 뜻에서 나온 의미

**Q2** ( )에 들어갈 단어 중 다른 세 개와 <u>다른</u> 것 하나는?

① She ( ) a reservation for the seat in the concert.
② He ( ) a plan for the vacation.
③ I ( ) an attempt to look inside.
④ He just ( ) a shower and now he is taking a rest.

≪Hint≫ 세 개는 made, 나머지 하나는 took

정답  Pop Quiz I : 1. ③  2. ④

### E  Expression II

❾ All tables by the window are booked, sir. 모든 자리의 예약이 완료되었습니다.
동사 book은 예약하다는 뜻.
- ▶ make a reservation 대신 book + (예약 대상)을 쓸 수 있음.
- ▶ make a reservation for a table = book a table
- ▶ make a reservation for a concert ticket = book a concert ticket
  수동태 be booked는 예약이 완료되었음을 뜻함.
  - ▷ All seats are booked (up). 예약이 (완전히) 끝났습니다.

❿ I see. 그렇군요.
- ▶ 'I see'와 'I know'의 차이점?
  - ▷ I see → 이제 막 듣고 알게 됨.
  - ▷ I know → 예전부터 아는 것임
- ▶ You should bring your ID tomorrow. 내일 신분증을 가지고 오세요.
  I see. 아, 네. 알겠습니다.
  I know. I was informed already.
  네, 알고 있습니다. 누군가 제게 이야기 이미 했어요.

⓫ I'm sure you will enjoy the location. 그 장소를 분명히 좋아하실 거예요.
- ▶ enjoy → 즐기다  location → 장소
  - ▷ Enjoy your meal. 식사를 즐기십시오. 맛있게 드세요.
  - ▷ Enjoy your lunch. 점심 맛있게 드세요.
  - ▷ How did you enjoy your vacation? 방학 재미있게 보냈습니까?
  - ▷ Enjoy yourself. 즐기십시오. (재미있는 시간 보내세요)

⓬ Just a second 잠시만요
- ▶ Wait a second = Wait a minute = Wait a moment
- ▶ Just a second = Just a minute = Just a moment
  모두 '잠시만 기다려 달라'는 표현입니다.

⓭ Chansoo, do you mind a corner table? 찬수씨, 구석자리가 꺼려지세요?
- ▶ Do you mind ~ (~하는 것이) 괜찮으세요?
- ▶ Do you mind는 말 그대로 해석하면 "(~하는 것이) 꺼려지세요?"라는 표현. no라고 대답

## Lesson 4  I'd like to make a reservation for dinner tomorrow [4주차]

하면 '꺼리지 않는다'는 뜻에서 긍정의 대답이고, yes는 꺼린다는 의미에서 부정적인 의미를 내포함에 주의.

▶ Do you mind if I open the window? 창문 올려도 될까요?
허락하는 표현
  ▷ No, I don't (mind).
  ▷ No, not at all.
  ▷ Of course not.

⓮ I'll take the corner table. 구석자리 테이블로 할게요.
  ▶ take → 사다, 취하다, 예약하다

⓯ May I have your name? 성함이 어떻게 되시지요?
  ▶ 'have'는 여기에서 'What's your name?'의 공손한 표현. formal한 자리에서는 이렇게 사용하면 좋습니다.

⓰ Why don't you bring your friend, Sunmi, tomorrow? 내일 선미씨를 모시고 오시지 그러세요?
  ▶ Why don't you → 가벼운 권유, 제안
  ▶ bring → 여기서는 '(물건)을 가져오다'의 뜻이 아니라 '(사람)을 데려오다, ~에 데리고 가다'라는 뜻.
  ▶ What brought you over here? 여긴 어쩐 일이세요? 무슨 일로 오셨죠?
    A: What should I bring for the party? 그 파티에 무엇을 가져갈까요?
    B: Just bring yourself. 그냥 몸만 오세요.

⓱ I think she'll be glad to join us, since she likes meeting people.
그녀는 저희와 함께 하길 원하실 거예요, 사람 만나는 것을 좋아하니까요.
  ▶ since → ~이기 때문에, ~이므로

### Q POP QUIZ II

**Q1** ( )에 들어갈 적당한 단어는?

> A: Would you ( ) if I turn up the volume?
> B: No, not at all.
> A: Thank you.

① try  ② mind
③ think  ④ do

≪Hint≫ '꺼려하다'의 뜻이 되도록

**Q2** 괄호 안에 공통으로 들어갈 단어는 무엇인지요?

> I have not seen you ( ) I graduated.
> ( ) she is weak, she needs to exercise every day.

① in  ② for
③ since  ④ after

≪Hint≫ '~이래로', '~이므로' 이 두 가지 의미가 부합되는 단어

[정답] Pop Quiz II: 1. ② 2. ③

## Lesson 4  I'd like to make a reservation for dinner tomorrow [4주차]

### E  Exercise I

밑줄 친 곳에 들어갈 알맞은 것을 고르세요.

| available | bring  | recommend   |
| picked    | booked | reservation |
| mind      | call   |             |

1. What restaurant do you _____ for Chinese food?

   ≪Hint≫ recommend him for that position  그를 저 자리에 추천하다

2. I'd like to make a _____ for a seat from Seoul to Toronto.

   ≪Hint≫ make a reservation 예약하다

3. Oh. Is that the only seat left? Do not worry. I do not _____ sitting in the corner.

   ≪Hint≫ mind ~ing: ~을 꺼려하다

4. Why don't you _____ your friend for the party tonight?

   ≪Hint≫ '데리고 오다'는 뜻으로 쓰임

5. All tables tonight are _____.

   ≪Hint≫ '예약이 다 되었다'는 의미이다

---

정답  Exercise I :  1. recommend
2. reservation
3. mind
4. bring
5. booked

## E  Exercise II

**1** 일본 음식 잘하는 곳 어떤 식당을 추천하실래요?

≪Hint≫ recommend 추천하다  recommend A for B: B에 대한 것으로 A를 추천하다

**2** 내일 밤 7시, 세 명인데 자리 예약할 수 있을까요? (식당에 문의하는 경우)

≪Hint≫ 예약하다 reserve 혹은 make a reservation

**3** 창가 옆의 자리를 더 좋아합니다.

≪Hint≫ 창가 옆 자리: a table by the window
I would = I'd 이렇게 시작하면 되겠네요. 여기서 would 는 조심스런 바람을 나타냅니다.

**4** 성함이 어떻게 되시지요?

≪Hint≫ 경어체로 이야기하는 경우 have를 사용

**5** 구석에 있는 자리가 불편하신가요?

≪Hint≫ mind 꺼려하다

 Exercise II: 1. What restaurant do you recommend for Japanese food?
2. Will you reserve a table for three at seven p.m., tomorrow.
   I'd like to make a reservation for three at seven p.m., tomorrow, please?
3. I'd prefer a table by the window.
4. May I have your name?
5. Do you mind a corner table?

Lesson 4  I'd like to make a reservation for dinner tomorrow [4주차]

**Bonus**

이제 비행기를 바로 탈 수 있는 gate까지 왔습니다. 다시 한번 확인하는 장면입니다.

A   Is this the gate for flight UA 23 to New York?
B   Yes, sir. This is via Tokyo.
A   All right. I guess... this is it. Is the plane on time, by the way?
B   We're sorry, sir. The flight will be delayed by three hours.
A   Really?
B   Yes, so we will give you a meal coupon worth seven dollars. Please use this in any of the restaurants around.
A   Thank you.


A   이것이 뉴욕으로 가는 UA 23편용 탑승구인가요?
B   그렇습니다. 이 비행기는 동경을 경유합니다.
A   알겠습니다. 제 생각에... 제대로 온 것 같습니다.
    그런데 예정대로 비행합니까?
B   미안합니다. 세 시간 늦어질 것 같습니다.
A   정말요?
B   네, 그래서 저희가 7불짜리 음식 쿠폰을 드립니다.
    근처의 아무 식당에서나 사용하십시오.
A   감사합니다.

❖ 탑승권(boarding pass)을 가지고 탑승구(departure gate)로 가면 항공사 직원이 탑승구 앞에서 승객을 맞습니다.

❖ via는 'by way of'와 같은 말로 경유 한다는 뜻입니다.

❖ on time은 '시간대로, 정각에'라는 말입니다.
  ⓒ in time은 '시간에 맞추어' 즉 '늦지 않게'의 의미입니다.
    The train arrived on time.    He will be there in time for the train.

❖ 전치사 'by'를 주의하세요. '~만큼', '~정도'의 의미입니다.
  • She is taller than him by five centimeters.
  • I missed the train by three minutes.

> 가끔 비행기의 출발이 늦어지는 경우가 발생하는데, 특별히 식사시간과 겹치는 시간대에, 몇 시간 정도의 긴 지연일 경우엔 승객들에게 공항 내의 식당에서 사용하도록 음식쿠폰을 주는 경우가 많습니다.

## Crossroads
### 미국영어와 영국영어의 발음의 차이점은 무엇일까요?

미국영어와 영국영어의 발음의 차이점 몇 가지입니다. 동일한 단어철자에 대하여 각각 다르게 발음합니다.

1. /a/
   미국영어에서는 /a/가 [æ]로  영국영어에서는 [ɑ]로 각각 발음합니다.
   미국영어 [æ]    영국영어 [ɑ]
   예 ask, chance, dance, path, class, laugh
      단, 자음 /r/ 앞에서는 charm, barn, car 등과 같이 영국 및 미국발음 모두 [ɑ] 로 표시.

## Lesson 4  I'd like to make a reservation for dinner tomorrow [4주차]

### 2. /o/
미국영어 [ɑ]    영국영어 [ɔ]

예) hot, boxing, top, pocket, rock, doctor

### 3. [r] 소리
영국 영어에서는 모음 뒤에 있는 [r] 소리가 대체로 생략되나 미국에서는 항상 살려 부드럽게 굴려 발음합니다.

예) car, order, turn, first

### 4. 모음 사이에 오는 /t/
미국에서는 모음과 모음 사이에 오는 /t/는 부드럽게 굴려 [d]와 [r]의 중간 소리로 발음하는 반면 영국에서는 [t]소리 그대로 발음합니다.

예) water, meeting, later

### 5. 모음 사이에 /nt/
미국에서는 /nt/가 두 모음 사이에 오면 [t] 소리가 생략됩니다.

예) international, printer, representative

### 6. /rt/
미국 영어는 /rt/에서 [t]발음을 생략하는 반면 영국은[t]를 그대로 발음합니다.

예) party, reporter quarter

### 7. /ile/로 끝나는 단어
영국영어에서는 /ail/로 발음되고 미국영어에서는 /əl/, 혹은 /ail/로 발음됩니다.

예) missile, hostile

## Wrap-up

### 1. B에 대하여 A를 추천하다

- What restaurant do you recommend for Hanjungshik?
  recommend A for B

### 2. make a reservation 예약하다

- I'd like to make a reservation for dinner tomorrow.

### 3. mind의 의미 ~을 꺼려하다

- Do you mind a corner table?

### 4. I would 의지를 나타냄

- I'd prefer a table by the window.

# LESSON 5

# Excuse me?

## Introduction

### 말하기 포인트

식당에서 음식 주문하기
대화에서 상대방의 말을 다시듣기

### 유용한 표현

May I take your order?
What's today's special?
Excuse me?
I'd like it rare.
I'll pass on the dressing.

Happy English I | 이길영 교수

## Warm-Up

### B › Brainstorming 1-1

> Man: Can I have some of your chips?
> Woman: Please help yourself.
> Man: Thank you.
> Woman: Have you tried this before?
> Man: No, let me try.
> Woman: How do you like it?
> Man: It's a little spicy, but it's delicious.

위의 대화에 대하여 아래 답 가운데 적절한 것을 고르세요.

A: What are they doing?
B: They are _____.

① buying clothes
② having snacks
③ playing tennis
④ watching TV

### B › Brainstorming 1-2

식당에서 식사할 때 흔히 할 수 있는 이야기들을 모두 ☑하세요.

- What would you like to have?
- Please pass me the salt.
- What's the shortcut to the station?
- Would you like something to drink?
- Are you ready to order?

정답  Brainstorming 1-1: ②
Brainstorming 1-2: What would you like to have?, Please pass me the salt.
Would like something to drink?, Are you ready to order?
I'm being served., I've enjoyed the dinner.

Lesson 5  Excuse me? [5주차]

- I'm being served.
- I feel ashamed.
- I've enjoyed the dinner.

## B 〉 Brainstorming 2

다음 중 기능(의미)이 <u>다른</u> 하나를 ☑ 하세요.

- Pardon me.
- I hope you'll forgive me.
- Please accept my sincere apology.
- Let me apologize to you.
- Excuse me.
- I'm grateful to you.

정답  Brainstorming 2: I'm grateful to you.
(모두 사과를 나타내는 것인데, 'I'm grateful to you.'만 감사의 기능이 있음)

## D  Dialogue

### ▶▶ At a restaurant

| | |
|---|---|
| **Chansoo** | Hi, Minho. |
| **Minho** | Hi. Where is Steve? I thought you were coming with him. |
| **Chansoo** | He said he'd be late. |
| **Minho** | Oh, there he comes. |
| **Steve** | I'm sorry I'm late. |
| **Minho** | That's all right. Actually I just got here. |
| **Waitress** | So... everybody's arrived? May I take your order, sir? |
| **Chansoo** | Can I see the menu, please? What's today's special? |
| **Waitress** | Today's special is T-bone steak. |
| **Chansoo** | Excuse me? |
| **Waitress** | T-bone steak.... kind of a thick piece of beef with a T-shaped bone. |
| **Chansoo** | Uh, OK. Sounds good. I'll take that. What about you, Steve? |
| **Steve** | Hmm.... I haven't made up my mind, yet. Can I have a little more time? |
| **Waitress** | Yes. I'll come back later, sir. |
| **Steve** | Well, it' hard to choose. Hey, Minho. What do you suggest? |
| **Minho** | I don't know either. Wait a minute. I wonder what that woman is having. |

| | |
|---|---|
| **Waitress** | Are you ready to order, now? |
| **Minho** | What is that woman having? |
| **Waitress** | That's a sirloin steak with fried potatoes. |
| **Steve** | All right. I think I'll give that a try. |
| **Minho** | Hmm... looks delicious. I'll have the same. |
| **Waitress** | How would you like your steak, sir? |
| **Steve** | I'd like it rare, please. |
| **Chansoo** | Well-done, please. |
| **Waitress** | What kind of dressing would you like? We have French, Italian, Thousand Island and Blue Cheese. |
| **Steve** | Thousand Island, please. |
| **Minho** | I'll have French. It's my favorite. |
| **Chansoo** | I'll pass on the dressing. |
| **Waitress** | OK. Anything else for you? |
| **Minho** | I think that's all for now. |

## 해 석

### ▶▶▶ 레스토랑에서

| | |
|---|---|
| 찬수 | 민호씨, 안녕. |
| 민호 | 안녕. 스티브는요? 같이 오는 줄 알았는데. |
| 찬수 | 늦는다고 하네요. |
| 민호 | 아. 오네요. |
| 스티브 | 늦어서 죄송합니다. |
| 민호 | 괜찮아요. 저도 방금 도착했는걸요. |
| 종업원 | 그럼... 모두 오신 건가요? 주문하시겠습니까? |
| 찬수 | 메뉴 좀 주시겠어요? 오늘의 특별메뉴는 뭐죠? |
| 종업원 | 오늘의 특별 메뉴는 티본 스테이크입니다. |
| 찬수 | 뭐라구요? |
| 종업원 | 티본 스테이크요... 일종의 두꺼운 소고기인데 T자 모양의 뼈가 들어있습니다. |
| 찬수 | 아, 네. 좋아요. 그걸로 할께요. 스티브는? |
| 스티브 | 음...아직 결정을 못했는데. 시간을 조금만 더 주시겠어요? |
| 종업원 | 네. 그럼 다시 오겠습니다. |
| 스티브: | 글쎄, 고르기 힘드네요. 민호씨, 추천 좀 해주세요. |
| 민호: | 저도 잘 모르겠는데요. 잠깐, 저기 여자가 식사하고 있는 게 뭔지 궁금하네요. |
| 종업원 | 이제 주문하시겠습니까? |
| 민호 | 저쪽에 여자가 들고 있는 요리는 어떤 것인가요? |
| 종업원 | 서로인스테이크와 감자프라이입니다. |
| 스티브 | 좋아요. 그걸로 한번 먹어보지요. |
| 민호 | 음... 먹음직스러워 보이네요. 같은 것으로 주세요. |
| 종업원 | 스테이크는 얼마나 익혀서 드시겠습니까? |
| 스티브 | 저는 조금 덜 익혀서 주세요. |
| 찬수 | 잘 구워서요. |
| 종업원 | 드레싱은 어떤 걸로 하시겠습니까? 프렌치, 이태리, 다우전드 아일랜드와 블루치즈가 있습니다. |
| 스티브 | 다우전드 아일랜드로 주세요. |
| 민호 | 프렌치를 할게요. 제가 제일 좋아하는 거예요. |
| 찬수 | 저는 드레싱 안 먹을게요. |
| 종업원 | 알겠습니다. 더 필요하신 것은 없으시고요? |
| 민호 | 우선은 다 된 것 같습니다. |

Lesson 5  Excuse me?  [5주차]

## C  Comprehension

**1. 대화 내용과 맞지 <u>않는</u> 것은 어느 것입니까?**

① They are now ordering at a restaurant.
② They asked the waitress about today's special.
③ The waitress left since she did not like her job.
④ It is sometimes hard to choose a food at a restaurant.

**2. 대화 내용과 맞는 것은 어느 것입니까?**

① T-bone steak is one of the foods not available.
② One of them is interested in what a woman is having.
③ Nobody wants dressing at all.
④ Dressing here is a kind of clothing.

정답  Comprehension: 1. ③   2. ②

# Coffee Break

잠시 머리를 식히면서 쉬었다가 갈까요?

## Bless you!

### 신의 은총이 함께 하길!

유학 시절, 일과를 마친 후 저녁 기숙사에 있는데 후배인 한국인 공대 유학생이 제게 와서 이상하다며 말을 건넸습니다. 오늘 학교에서 엘리베이터를 타려고 여러 사람들과 기다리는데, 재채기가 나와 '에취!' 하고 재채기를 했는데, 옆에 있던 미국인 학생들이 뭐라고 중얼중얼 한다는 겁니다. 한 명이 아니고 두세 명이 그렇게 중얼거렸다고 하는 겁니다. 그러면서 이상하다며 제게 물었습니다.

하하… 이상하지요? 이 미국인들이 뭐라고 한 것일까요?

바로 "Bless you."라는 말을 한 것입니다. Bless you는 '신의 은총이 함께하기를 빈다'는 표현인데, 왜 재채기 후에 이런 말을 그들이 할까요?

다음과 같은 설이 전해집니다. 과거 서양 사람들은 재채기를 하면 몸 안에 있는 영혼이 함께 빠져 나온다고 믿었습니다. 의학발달의 부족으로 실제 감기에 걸려 사망하는 사람이라도 생기면, 영혼이 다 빠져 나가서 죽었다고 생각했습니다. 그러므로 영혼이 달아나는 것을 막기 위해서, 어떤 사람이 재채기를 하면 주위에 있는 사람들이 즉시 "신의 은총이 함께 하기를"이라고 축복하는 풍토가 생겼답니다. 그리고 축복을 받는 사람(재채기를 한 사람)은 덕분에 본인의 목숨을 건진 셈이니 반드시 감사하다는 표시를 했지요.

이렇게 전해져 내려온 풍습 때문에, 오늘날 재채기를 하면 자동으로 옆에 있는 사람이 "Bless you!"하고, 재채기한 사람은 "Thank you."로 응답하는 것을 들을 수 있습니다. 이 배경은 물론 많이 잊혀졌지만 관습은 뚜렷하게 남아있습니다. 이제는 왜 내가 재채기 한 후에 주변의 사람들이 축복을 해주는지 알 수 있겠죠? ^^

"Bless you."라는 말을 들으면 반드시 "Thank you."라고 하는 에티켓도 잊지 마세요!

## Main Study

### E  Expression I

❶ I thought you were coming with him. 같이 오는 줄 알았어요.
  ▶ I thought + (과거) : "(~)인줄 알았다"는 표현.
    ▷ I thought today was Monday. 오늘이 월요일인 줄 알았습니다.
    ▷ I thought he was Jack. 그가 Jack인줄 알았어요.
    ▷ I thought you were busy. 당신이 바쁜 줄 알았습니다.

❷ I'm sorry I'm late. 늦어서 죄송합니다.
  ▶ 늦었을 때 쓰이는 관용표현.
    ▷ I'm terribly sorry. 너무 미안합니다.

❸ Actually, I just got here, too. 사실, 저도 방금 도착했는걸요.
  ▶ Actually는 '실제로, 사실상'을 뜻하는 부사.
  ▶ I just got here에서 just는 지난 시간에 배운 바와 같이 '방금', '이제 막'으로 해석.
    ▷ get here → 여기 도착하다
    ▷ get there → 거기 도달하다
  ▶ How did you get here? 당신 이곳에 어떻게 오셨나요?(무엇을 타고 오셨나요? - 버스로, 지하철로 등 운송수단에 대한 이야기)

❹ May I take your order? 주문 받을 수 있을까요?
  ▶ 음식점에 가면 웨이터(waiter)나 웨이트리스(waitress)에게서 어김없이 듣게 되는 단골 멘트가 "무얼 드시겠습니까?, 주문 받을까요?"이라면 이 표현이 바로 이 문장임. 'order'라는 단어에는 '질서'나 '순서' '명령'의 뜻 외에 '주문'이란 뜻도 있음.
    ▷ take order → 주문을 받다
  ▶ 비슷한 표현으로 "Are you ready to order?" "Would you like to order now?" "Have you decided what you'd like to have?" 등 길게 물어서 물어볼 수도 있으나 당황하지 마시고 자신 있게 'order'를 내리세요.^^

❺ Can I see the menu, please? 메뉴 좀 주시겠어요?
　= Show me the menu, please.
　▶ 더 간단히 "Menu, please"도 가능.
　▶ 메뉴판을 보다가 좀더 자세하게 어떤 음식에 대해 물어보고 싶을 땐 "What is this like?", "Would you explain this one, please?"라고 물어보면 됨.

❻ What's today's special? 오늘의 특선요리는 무엇인가요?
　▶ Today's special → 오늘의 요리(특선요리)
　　▷ 그날의 특별요리를 지칭할 때, 'Special'이라고 함. 명사형으로 '특별요리'라는 의미이고 'specialty'라고도 씀.
　　= "What's the speciality, today" "오늘의 특별요리는 뭐죠?"

❼ Excuse me? 네? 뭐라구요?
　▶ 상대방이 한 말을 잘 못 알아들었을 경우 다시 한번 말해 주기를 요청할 때 하는 표현. 문장의 뒤 끝을 올림.
　　= Pardon? = Pardon me? = I beg your pardon? 모두 문장의 끝을 올림.
　　뒤 끝을 내리면 이는 '실례합니다'의 뜻.
　▶ 친근한 사이엔 "What was that?", "What?", "Say what?", "Huh?" "Eh?"

❽ kind of thick piece of beef with a T-shaped bone T자 모양의 뼈를 가진 약간 두꺼운 쇠고기
　▶ kind of → 약간(구어체에서 자주 쓰임) = sort of
　　▷ It's kind of expensive.
　　▷ I kind of expected it.

❾ I'll take that. 그걸로 할게요.
　▶ 음식을 고를 때 뿐 아니라, (백화점 등에서) 물건을 골라 취할 때 이 표현을 사용.
　　▷ 지난 시간에 "I'll take the corner table."의 경우.

❿ What about you? 당신은요?
　▶ What about you? = How about you? = And you?

Lesson 5  Excuse me? [5주차]

## Q POP QUIZ I

**Q1** "당신이 미국인인줄 알았습니다."를 알맞게 옮긴 것은?

① I think you were American.
② I think you are American.
③ I thought you were American.
④ I thought you are American.

≪Hint≫ ~인 줄 알았다 = I thought ... 과거

**Q2** '다시 한번 말해달라고 부탁할 때' 쓰이는 표현이 <u>아닌</u> 것은?

① I mean it.
② I beg your pardon?
③ Excuse me?
④ Sorry?

≪Hint≫ I mean it. → 진심이다. I beg your pardon?, Excuse me., Sorry? 상대방의 말을 이해 못할 때, 이들 모두의 끝을 올려 말하면 다시 말해달라는 뜻의 묻는 말이 됨.

정답  Pop Quiz I : 1. ③  2. ①

## E. Expression II

**⓫ I haven't made up my mind yet.** 아직 결정을 못했어요.
  ▶ make up one's mind = decide
  그래서 이 문장은 "I haven't decided yet."으로 대치 가능.

**⓬ Can I have a little more time?** 조금 시간을 주시겠어요?
  = "I need more time.", "Can you wait a little bit more, please?"하고 조금 더 웨이터에게 기다려 달라고 할 수 있음.
  여러분도 "아무거나 주세요!" 하지 마시고 차근차근 주문하세요.^^

**⓭ I don't know, either.** 저도 잘 모르겠습니다.
  ▶ 'either'는 부정문일 때, 긍정문일 때의 'too' 대신에 쓰임.
    ▷ I know the fact, too.
    ▷ I don't know the fact, either.

**⓮ I wonder what that woman is having.** 저 여자 분이 무엇을 드시는지 궁금하네요.
  ▶ wonder → 의아하게 생각하다
  ▶ wonder 다음에 의문문과 함께 잘 쓰임.
    ▷ wonder why: I wonder why he yelled at her.
      그가 왜 그녀에게 소리쳤는지 의아하다.
    ▷ wonder how: I wonder how she got back home when she was so sick.
      그렇게 몸이 불편했는데 그녀가 어떻게 집에 돌아갔는지 의아하다.
    ▷ wonder where: I wonder where she went after her shopping.
      그녀가 쇼핑 후에 어디로 갔는지 의아하다.

**⓯ That's sirloin steak with fried potatoes.** 저것은 감자튀김과 함께 한 설로인 스테이크입니다.
  ▶ 'sirloin' → '소의 허리 상부의 고기'
    '티본 스테이크'라고 하듯 '설로인 스테이크'는 하나의 음식 이름.
    이러한 주 요리(main dish)와 함께 감자튀김이나 샐러드 등을 곁들여 먹겠다고 할 때 간단히 전치사 'with'를 덧붙임.
    ▷ T-bone steak with salad

❶❻ I think I'll give that a try. = I think I will try that. 저것을 시도해 볼게요.
▶ = I think I'll try that.
try → 시도하다
'try'는 음식점에 가면 '먹어보다'의 의미로 옷가게에 가면 '입어보다' 등 '어떤 일을 시험삼아 해보다'의 뜻.

❶❼ I'll have the same. 같은 것으로 주세요.
= I'll have the same. = Make it two, please. = Same, here.
▶ 우리말로는 식당에서 '~ 주세요'라는 표현을 하지만 영어에서는 "I'll have..."라는 표현을 주로 씀. 'give' 동사를 써서 "Please, give me T-bone steak..." 이렇게 잘 하진 않습니다.
▶ 뭘 먹을지 정말 고르기 어려울 때 옆의 사람 음식이 먹음직스러워 '저 사람이 먹는 걸로 주세요.'라고 말하고 싶을 때 "I'll have that one."이라고 웨이터만 볼 수 있게 살짝 가리키며 주문하면 되지요.

❶❽ How would you like your steak? 어떻게 스테이크를 어떻게 드시겠습니까?
▶ 스테이크를 어떻게 드시겠습니까?(얼마나 익혀서 드시겠습니까?)
스테이크를 다양한 기호에 맞춰 익히는 정도를 달리해서 먹을 때, 주로 well-done, medium, rare를 사용합니다.
▷ I'd like it well-done, please.
완전히 익혀서 주세요.
▷ I'd like it medium, please.
중간 정도 익혀서주세요.
▷ I'd like it rare, please.
덜 익혀서 주세요.(불에 아주 잠시만 머물러 핏기가 채 가시지 않은 상태)
완전히 바싹 구운 'very well-done'도 있음.
(주의: medium을 '중간 크기'와 혼동하지 말 것. steak에서 말하는 medium은 언제나 '반 익힌 상태'를 뜻함)

❶❾ What kind of dressing would you like? 드레싱은 무엇으로 하시겠습니까?
= What do you have for dressing?
▶ 샐러드를 주문하면 반드시 샐러드에 치는 소스를 무엇으로 할 것인지를 묻는데 그 소스를 드레싱이라고 함.

▶ French 드레싱, Italian 드레싱, Blue Cheese 드레싱, Ranch 드레싱, Thousand Island 등이 있음.

▶ 여기선 "I'll pass on the dressing."이라고 받았네요. '드레싱을 지나간다?' 단어 게임 등을 할 때 모르는 단어가 나오거나 관심이 없는 주제일 때 우리는 '패스'라고 하는데 이는 '다음으로 돌리다, 넘겨주다'의 의미인데 이것과 동일한 의미. "I'll skip the dressing."으로 대치 가능합니다.

⑳ Anything else? 또 다른 것은요?
= Is that all?
= Anything else I can do for you?

㉑ That's all for now. 일단 다 됐습니다.
▶ That's all. → 이상입니다.
▶ for now → 일단
▷ That's all for today. 오늘 (수업) 이상입니다.

Lesson 5  Excuse me? [5주차]

## Q  POP QUIZ II

**Q1** 다음 질문에 대한 답으로 가장 적절한 표현은 무엇일까요?

> **Q**: How would you like your steak?

① Medium size, please.
② T-bone steak with salad, please.
③ It's very delicious.
④ Medium, please.

≪Hint≫ 여기서는 질문이 size의 문제가 아니고 구워진 정도의 문제를 묻고 있음.

**Q2** 식당에서 한 동료가 음식을 주문하고 그 다음 사람이 '같은 것으로 주세요.' 할 때 사용하는 것이 <u>아닌</u> 것은?

① I'll have the same.
② Make it two, please.
③ Double time.
④ Same, here.

≪Hint≫ Double time → 두 배

정답  Pop Quiz II :  1. ④  2. ③

## E › Exercise I

밑줄 친 곳에 들어갈 알맞은 것을 다음 중 고르세요.

> thought, special, rare, had, got, order, well-done, took, tried, menu

**1**  당신이 스티브와 같이 오는 줄 알았는데요.

I _____ you were coming with Steve.

≪Hint≫ I thought + (과거) : "(~)인줄 알았다"는 표현입니다.

**2**  저는 방금 도착했어요.

I just ____ here.

≪Hint≫ '~에 이르다', '~에 다다르다'는 표현으로 get을 사용합니다.

**3**  오늘의 특별요리가 무엇이지요?

What's today's _____?

≪Hint≫ 특별요리라는 표현으로 '특별한'이라는 의미의 단어가 명사 꼴로 이 문장에 사용됩니다.

**4**  완전히 익혀서 주세요.

I'd like it _____, please.

≪Hint≫ rare, medium 그리고 무엇이 있지요?

**5**  주문하시겠습니까? (제가 주문받을까요?)

May I take your _____?

≪Hint≫ 식당에서 주문할 때 웨이터로부터 먼저 듣게 되는 말로 '주문'이라는 말입니다.

정답  Exercise I : 1. thought  2. got  3. special  4. well-done  5. order

## E) Exercise II

식당에서 모두 잘 쓰이는 것을 모았습니다. 표현이 쉽습니다. 한번 도전해 보세요

1  늦어서 미안합니다.

   _____

   ≪Hint≫ 관용적인 표현이니 이 기회에 확실히 연습합시다.

2  메뉴를 볼 수 있을까요?

   _____

   ≪Hint≫ 역시 잘 쓰이는 표현입니다. 쉬우니 한 번 해보세요.

3  뭐라고요? (무슨 말인지 잘 못 들었는데요?)

   _____

   ≪Hint≫ 늘 쓰이는 표현입니다. 이 과를 배우셨다면 단연코 쓰실 수 있는 표현입니다.

4  저것으로 한번 먹어보지요.

   _____

   ≪Hint≫ I think~ 로 시작해보세요. '시도하다'인 try를 사용하시고요.

5  똑같은 것으로 들겠습니다. (주문할 때)

   _____

   ≪Hint≫ 동사를 'have'를 사용함에 주의하세요.

정답 Exercise II: 1. I'm sorry I'm late.
             2. Can I see the menu, please?
             3. Excuse me?
             4. I think I'll try that.
             5. I'll have the same.

# Bonus

세계화 시대를 맞이하여 해외여행 시 필요한 표현을 알아보도록 하겠습니다. gate 앞에서 boarding call 장면입니다. 대부분 판에 박은 내용이지만 때때로 중요한 내용도 있으니 잘 들을 필요가 있습니다.

Attention passengers.

This is the final call for Unite Airlines Flight 23, bound for New York via Tokyo, departing at 10:30 at gate 12. Passengers with tickets for this flight are advised to come to the boarding gate at this time. Passengers with medical or other special needs or children traveling alone should approach one of the United Airlines representatives at the gate. Once again, this is final boarding call for UA Flight 23 departing from gate 12.

**A** Excuse me, Was that last announcement about our flight?
**B** Yes. They said we should board now.
**A** Thank you.

(공항 안내방송) 승객여러분 주목해 주십시오.
12번 탑승구에서 10시 반에 출발하는 동경경유 뉴욕행 UA 23편의 마지막 탑승안내입니다. 탑승권을 소지하신 승객께서는 지금 탑승구로 나와 주십시오. 의료적인 혹은 다른 도움이 필요하신 분 혹은 홀로 여행하는 어린이는 지금 탑승구로 오셔서 UA직원을 만나 주십시오. 다시 한

번, 12 탑승구에서 출발하는 UA 23편의 마지막 탑승안내입니다.

**A**  실례합니다. 이것이 우리가 탈 비행기의 마지막 탑승안내입니까?
**B**  예. 우리가 지금 탑승해야 한다고 하네요.
**A**  감사합니다.

---

❖ 공항에서 탑승하다의 표현인 'board'를 포함한 방송을 많이 들어볼 수 있습니다.
boarding call은 탑승 안내입니다. 그리고 탑승권은 'boarding pass'라고 합니다.
'boarding time'은 탑승시간입니다.
- When is the boarding time? 탑승 시간은 언제입니까?
- All aboard! 이 표현은 '모두 탑승하세요!'란 표현입니다.

❖ bound for ~ → ~을 향하여
- via ~ → ~을 경유하여

❖ depart는 '출발하다'
공항의 모니터에 'departure', 'arrival'이라고 쓴 것은 각각 출발시간과 도착시간을 나타내고 있습니다.

❖ 'at this time'이란 표현은 '지금'이라는 말입니다.

비행기는 탑승순서가 있습니다. 안내에 따라 차례로 타야 합니다.
예를 들면 노약자를 먼저 태우는 배려를 합니다.
그리고 business class, first class에 탑승하는 사람을 먼저 태우고 그 다음에 economy class를 태웁니다. 큰 점보 비행기의 경우엔 같은 economy class라도 뒤쪽의 좌석을 먼저 태워 혼잡하지 않도록 배려합니다.

### Crossroads

## 미국영어와 영국영어 - 철자

동일한 의미의 단어인데 약간 철자가 다른 단어를 알아봅니다.
주로 단어의 끝에 이런 현상이 많습니다.

**1.**
영국영어 -ll-
미국영어 -l-
counselling - counseling
signalling - signaling

예외) excelling, propelling

**2.**
영국영어 -our
미국영어 -or
colour-color, honourable-honorable, labour-labor, Saviour-Savior

**3.**
영국영어 -re
미국영어 -er
centre-center, metre-meter, fibre-fiber, theatre-theater

**4.**
영국영어 -ce
미국영어 -se
defence-defense, licence-license, offence-offense

## Wrap-up

### 1. May I take your order?

- take order → 주문을 받다
- Are you ready to order?로 대치 가능.

### 2. What's today's special?

- special → 특별요리 = What's the specialty, today?

### 3. Excuse me?

- 네? 뭐라구요? (잘 못 알아들었을 때: 문장 끝을 올림)
  = Pardon? = Pardon me? \ I beg your pardon?

### 4. I'd like it rare.

- well-done
- medium
- rare

### 5. I'll pass on the dressing.

- I'll skip the dressing.

# LESSON 6

# Where was I?

## Introduction

### 말하기 포인트

사진 촬영 부탁하기
대화를 처음 시작하기
대화의 원래 point로 돌아가기

### 유용한 표현

Would you mind taking our picture?
Can you get the flowers on the right in?
You know what?
Where was I?

# Warm-Up

## B) Brainstorming 1-1

> M: Can you see the waterfall?
> W: Uh huh.
> M: Please include that on the top left.
> W: Do I need to focus?
> M: No. Just push the red button, please.
> W: All right. Ready? Say cheese.
> M: Cheese...

위의 대화에 대하여 아래 답 가운데 적절한 것을 고르세요.

What are they doing?

① They are playing baseball.
② They are studying together.
③ The woman is taking a picture of the man.
④ The man is showing her direction to the mountain.

정답  Brainstorming 1-1: ③

## Lesson 6  Where was I? [6주차]

### B  Brainstorming 1-2

사진 찍을 수 있는 상황에서 나오는 이야기들엔 어떤 것들이 있을지 상상할 수 있는 것들을 모두 ☑ 하세요.

- Would you mind taking our picture?
- You are too far. Can you come closer, please.
- Help yourself to this dessert.
- I'm running out of the film.
- Taking pictures with a flash is prohibited.
- I'd like to open a checking account.
- Move to the left a little bit, so that I can include the beautiful bridge in the back.
- Don't close your eyes.
- Just a trim, please.

### B  Brainstorming 2

대화하는 중, 상대방에게 자신이 말하기 시작함을 알리기 위한 신호로 쓰이기에 적합하지 않은 것을 골라 써 보세요.

① You know what?
② Say what?
③ Well...
④ Let me see.

정답 | Brainstorming 1-2: Would you mind taking our picture?, You are too far., Can you come closer, please., I'm running out of the film., Taking pictures with a flash is prohibited., Move to the left a little bit., so that I can include the beautiful bridge in the back., Don't close your eyes.

Brainstorming 2:  ②

## D  Dialogue

▶▶ **At a table**

**Steve**     Wow. It is delicious. Thank you, Minho. You recommended a really good one.
**Minho**    I'm glad you like it here. Please have some more.
**Steve**     No more, thank you. I've had enough.
**Chansoo**  So... Steve, how's your stay so far in Korea?
**Steve**     Terrific. I'll never forget it.
**Minho**    How long have you been here? One year?
**Steve**     A little longer than that. I've been here for a year and a half.
             I have enjoyed staying here and I appreciate your help.
**Minho**    I hope you take lots of good memories home.
**Steve**     Of course, I will. Yesterday I had a chance to go back to see some of the pictures that I took here. All the pictures turned out great. Especially the ones taken at Sorak mountain. The beautiful scenery made me think I might.... Oh, you know what? I brought my digital camera. This will be the last shot with you before I leave.
**Chansoo**  Yeah! Why don't we ask the waitress to take our picture?
**Steve**     Good idea.

Lesson 6  Where was I? [6주차]

| | |
|---|---|
| Waitress | Is everything all right? |
| Steve | Yeah. Excuse me, would you mind taking our picture? |
| Waitress | No, not at all. |
| Steve | The camera's all ready to go ... just push the red button. |
| Waitress | Do I need to focus? |
| Steve | No, it'll do it automatically. Can you get the flowers on the right in? |
| Waitress | OK, I think I can do that. Are you ready? Say cheese. |
| Steve | Thank you. Um ... where was I? Oh, I was talking about what I thought while I was at Sorak Mountain. I am not sure... but I think I may come back to Korea. |
| Chansoo | Really? You mean, to the same company? |
| Steve | Well, I don't know. I may come to teach English, next time. |
| Minho | Really? Hmm... |
| Waitress | Excuse me, sir. Would you like to order dessert? |
| Chansoo | I'll have ice cream. |
| Minho | I'd like some cheesecake. Oh, I dropped my fork. Would you bring me another one, please? |
| Waitress | Yes. |
| Steve | Well, I'll skip the dessert. But can you wrap this bone for me? I'll take it home for my puppy. |

### 해석

▶▶ 테이블에서

| | |
|---|---|
| 스티브 | 와. 이거 맛있네요. 민호씨 고마워요. 정말 좋은 곳을 추천해 주셨군요. |
| 민호 | 여기가 마음에 든다니 기쁘네요. 좀 더 드세요. |
| 스티브 | 됐어요, 고마워요. 배부르네요. |
| 찬수 | 그럼... 스티브, 여태까지 한국에서 지낸 건 어때요? |
| 스티브 | 아주 훌륭해요. 절대 잊을 수 없을 거예요. |
| 민호 | 여기 얼마나 있었지요? 1년? |

| | |
|---|---|
| 스티브 | 그것보다 좀 오래요. 여기 1년 반 있었어요. 여기서 지내는 게 정말 즐거웠고 민호씨 도움에 감사해요 |
| 민호 | 집에 좋은 기억들을 많이 가져갔으면 좋겠네요. |
| 스티브 | 물론이죠. 어제 여기서 찍은 사진 몇 장을 다시 볼 기회가 있었는데요, 다 정말 멋지게 나왔어요. 특히 설악산에서 찍은 것들 말이에요. 아름다운 경치를 보니... 아 그거 알아요? 나 디지털 카메라를 갖고 왔어요. 이게 내가 떠나기 전에 당신들과 찍는 마지막 촬영이 되겠네요. |
| 찬수 | 네! 종업원한테 찍어 달라고 하는 게 어때요? |
| 스티브 | 좋은 생각이네요. |
| 종업원 | 모든 게 괜찮으신가요? |
| 스티브 | 네. 실례지만, 저희 사진 좀 찍어 주시겠어요? |
| 종업원 | 네, 물론입니다. |
| 스티브 | 카메라는 찍기만 하면 됩니다. 그냥 빨간 버튼을 누르세요. |
| 종업원 | 초점을 맞춰야 되나요? |
| 스티브 | 아니오, 자동으로 될 거예요. 오른쪽에 있는 꽃 넣어주실 수 있나요? |
| 종업원 | 네, 할 수 있을 것 같아요. 준비 되셨어요? 치즈 하세요. |
| 스티브 | 고맙습니다. (잠깐 멈춤) 음... 어디까지 했죠? 아, 설악산에 갔을 때 내가 생각했던 것에 대해 얘기하고 있었군요. 확실하진 않지만 내가 한국에 다시 올 수도 있을 것 같아요. |
| 찬수 | 정말이요? 같은 회사로 온다는 말인가요? |
| 스티브 | 음, 모르겠어요. 다음에는 영어를 가르치러 올지도 모르겠어요. |
| 민호 | 정말요? 흠... |
| 종업원 | 실례지만 손님. 디저트를 주문하시겠습니까? |
| 찬수 | 전 아이스크림으로 할래요. |
| 민호 | 전 치즈 케익을 좀 먹고 싶어요. 아, 포크를 떨어뜨렸네요. 하나 더 갖다 주시겠어요? |
| 종업원 | 네. |
| 스티브 | 음. 전 디저트는 안 먹을래요. 그렇지만 이 뼈 포장해 주실 수 있나요? 집에 강아지에게 갖다 줄 거예요. |

Lesson 6  Where was I? [6주차]

## C  Comprehension

1. 대화 내용과 맞는 것은 어느 것입니까?

   ① They are in a restaurant.
   ② They are traveling now.
   ③ No one is going to have dessert.
   ④ They are going to Sorak mountain.

2. 대화 내용과 맞는 것은 어느 것입니까?

   ① Steve will not come back.
   ② They are taking a picture of the waitress.
   ③ They are ordering dessert.
   ④ They are looking for a smoking area.

정답  Comprehension: 1. ①  2. ③

# Coffee Break

잠시 머리를 식히면서 쉬었다가 갈까요?

## 싱거워. 소금 좀 주겠니?

It needs more salt! Would you pass me the salt?

큰 식탁에 둘러 앉아 여러 명이 식사를 할 때, 너무 싱거워 소금을 치려고 합니다. 그런데 소금이 저쪽 편에 있습니다. 어떻게 하지요? 한국인 정서 상, 어떤 분은 부탁하는 것이 미안하여 조용히 실례가 안되게 살짝 일어나 저쪽 편으로 가서 살짝 소금을 가져오는 분이 있습니다. 그러나 이는 영어권에서는 큰 실수입니다. 그 소금에 가깝게 앉아있는 사람에게 부탁을 해야 합니다. "Tom, can you pass me the salt, please?" 하고 말입니다. 또, 음식이 '맛있다' 외에도 '짜다, 싱겁다, 맵다 등' 맛에 관한 표현을 알아볼까요? 먼저, 짜고 싱겁다는 말은 소금 'salt'를 이용해서 표현해보면 간단한데요, 'It's salty.'는 '짜다'. 'It's not salty.'는 '싱겁다'라고 합니다. 너무 싱겁다구요?^^ 싱거우면 소금이 필요하므로 'It needs more salt.'라고 해도 되겠죠.

A : My soup needs more salt. Would you pass me the salt?
B : Here it is. But don't add too much salt to it, that's not good for health.
A : 수프가 싱거워. 소금 좀 주겠니?
B : 여기 있어. 하지만 너무 많이 넣지 마. 건강에 안 좋아.

한국에 와 있는 외국인들 중에는 김치와 떡볶이 등 매운 음식을 잘 먹는 사람들도 있지만, 외국에서 매운 맛(?)을 본 적이 없는 사람들이 한번 김치를 먹어보겠다고 하면 이거 되게 매운 거니까 각오하라고 한마디 해 주는 것이 미리 우유와 초콜릿을 준비하는 것만큼 중요합니다. "Kimchi is very spicy, almost burning."(김치가 매워요, 거의 활활 불 날 지경이지요.)이 밖에도 기름기가 많아 느끼할 때는 'greasy' 너무 달다고 말할 땐 'too sweet'이라고 합니다. 또 음식이 상한 듯하거나 맛이 이상하다고 느껴질 땐 'It doesn't taste right.' 또는 'It tastes funny.' 등으로 말합니다.

Lesson 6  Where was I? [6주차]

## Main Study

### E ⟩ Expression I

❶ It is delicious. 맛있네요.
  ▶ delicious → 맛있는
  ▶ great, good, fantastic, wonderful 등의 단어도 가능함.
  ▶ 혹은 yummy (음... 입맛을 다시는 듯한 소리가 연상되는 유아들의 말로 '맛있는'의 뜻) 반대말은 yucky (우웩 혹은 맛이 없는)로 역시 유아들의 말.

❷ Please have some more. 조금 더 드세요.
  ▶ '음식을 들다' 할 때 'have' 동사를 자주 사용. ('가지다'가 아니고 '먹다'의 의미) 특히 우리나라에서는 음식을 손님에게 대접하고 "더 드세요."하고 권하는 일이 미덕처럼 여겨지는데, 이 때 'Please have some more.'가 바로 그 표현.
  ▷ 한 그릇 더 먹어도 돼요? → "Can I have seconds?"

❸ No more, thank you. I've had enough. 더 이상 아닙니다. 감사해요. 많이 먹었어요.
  ▶ 'Please have some more 더 드세요.'의 권유에 대해 사양하고 싶다면 권유한 사람이 무안하지 않게 "감사하지만 더는 배불러서 못 먹겠습니다."라고 할 때는 표현이 바로 이것.
  ▶ '배부르다'는 표현은 'I've had enough.' 외에도 'I'm full.'도 쓰임.
    ▷ A: Please have some more beef.
       B: No, thank you. It's delicious, but I've had enough.
       A: Do you want seconds?
       B: No, thank you. I'm full.

❹ How's your stay so far in Korea? 지금까지 한국에 계셔보니 어떠세요?
  ▶ "How is ~ ?"는 "~ 가 어떻습니까?"를 물을 때 흔히 쓰는 표현.
  ▶ "How are you?"는 "(당신) 어떻게 지내세요?"
  ▶ "How is the steak?"는 "스테이크 어때요?".
  ▶ 본문의 경우 your stay가 어떠한지를 묻고 있음.
  ▶ so far → 지금까지  So far, so good. → 지금까지는 괜찮아요.
    ▷ A: Have you met your new neighbor? 새 이웃을 만나 보셨나요?
       B: Not so far. 아직 못 봤어요.

❺ Terrific. 아주 훌륭해요.
  ▶ '무시무시한', '무서운'의 의미.

109

▷ a terrific earthquake → 무시무시한 지진
▷ a terrific storm → 무서운 태풍
▷ She drove at a terrific speed. → 그녀는 무시무시한 (맹렬한) 속도로 차를 몰았다.
▶ 그러나 '멋진', '좋은' 등의 의미도 있음.
▷ You did a terrific job. 정말 멋지게 해냈군요.
▷ The view was terrific. 경관이 아주 빼어납니다.
여기 본문대화에서의 의미는 (한국에서의 지금까지의 생활이) '멋지다'의 의미.

❻ How long have you been in Korea? 한국에서 얼마나 되셨어요?
▶ have + p.p (과거분사) → 계속의 의미. 매우 유용한 표현.

❼ A year and a half 일년 반
▶ Two years and a half 이년 반
▶ Half a year 반년 (= a half year)

❽ I have enjoyed staying here. 여기에 머물고 있음을 즐기고 있습니다.
▶ 'enjoy'는 뒤에 동명사가 옴.
▶ 'mind'도 마찬가지
▷ I enjoyed skiing in the last winter. 지난겨울에 스키를 즐겼습니다.
▷ I don't mind her trying again. 그녀의 재 시도에 상관하지 않습니다.

❾ I appreciate your help. 당신의 도움을 감사하게 생각합니다.
▶ 'thank you' 보다 더 깊이 감사함을 표현하고 싶을 때나 정중히 말하는 경우에 'appreciate'를 사용.
▶ 'Thank you for your help.'보다는 'I appreciate your help.'가 더 정중한 표현.
▷ I really appreciate your concern.
신경 써 주서서 정말 감사합니다.

Lesson 6  Where was I? [6주차]

## Q  POP QUIZ I

**Q1** "더 드시겠어요?"라고 권유할 때 잘 쓰는 표현은 다음 중 어느 것인지요?

① Please have some more.
② Please give me more.
③ The more, the better.
④ Please make some more.

≪Hint≫ '음식을 들다' 할 때는 'have' 동사를 잘 씀.

**Q2** terrific의 의미가 <u>다른</u> 하나는 어느 것인지요?

① This town is terrific and the people are really nice.
② You did a terrific job.
③ The view was terrific.
④ She drove at a terrific speed.

≪Hint≫ terrific은 긍정적인 의미에서도 쓰이며 '무시무시한' 이라는 본래적인 의미로도 쓰임.

정답  Pop Quiz I : 1. ①  2. ④

## E) Expression II

**⑩ I hope you take lots of good memories home.**
좋은 기억을 집으로 많이 가져가시길 희망합니다.
- ▶ take ~ home → 집으로 ~을 가져가다 (home은 부사)
- ▶ Country roads, take me home to the place ~ (John Denver의 노래)

**⑪ Of course, I will.** 예, 그렇게 하겠습니다.
- ▶ I will 뒤에는 위 문장의 'take lots of good memories home'이 생략되어 있음.

**⑫ I had a chance to go back to see.**
다시 볼 기회가 있었습니다.
- ▶ '사진을 찍다'의 표현은 'take a picture'
  - ▷ Can you take a picture of me?
    제 사진을 찍어 주실래요?
  - ▷ Can I take a picture with you?
    당신과 함께 같이 사진을 찍을 수 있을까요?

**⑬ All the pictures turned out great.** 모든 사진이 잘 나왔어요.
- ▶ 'turn out' → '결과로서, 결국 ~이 되다'의 뜻. turn out 뒤에는 형용사 꼴이 나옴.
  - ▷ The play turned out successful after all.
    연극은 결국 성공이었다.

**⑭ You know what?** 이것 아세요?, 저기 있잖아요.
- ▶ 새로운 이야기를 꺼낼 때, 상대방의 시선을 끌며 말을 시작할 때 하는 표현.
  - ▷ You know what? Yesterday was my birthday!

**⑮ Why don't we ask the waitress to take our picture?** 종업원에게 사진 찍어달라고 할까요?
- ▶ why don't ~ → 부드러운 제안. Why don't you sit down?
  - ▷ take our picture = take a picture of us

**⑯ Is everything all right?**
(식당에서 종업원이) 괜찮으신가요? 더 필요하신 것 있으세요?
- ▶ Is there anything I can do for you?
- ▶ Everything is OK with you?

Lesson 6  Where was I? [6주차]

⑰ Would you mind taking our picture? 우리 사진 좀 찍어 주실래요?
- ▶ 이미 지난 수업에 나온 사항으로서 mind → 꺼려하다. 뒤에 ~ing 꼴이 나옴. 응답을 할 때 주의하여야 함.

⑱ The camera's all ready to go. 사진은 다 준비됐어요.
- ▶ ready to go = set to go
  관용적 표현으로 '준비되었습니다.'
- ▶ 여기서 to go는 '가다'의 의미가 아닌 관용표현임.
- ▶ Let's go! → 응원할 때 '가자!', '화이팅!'의 의미도 있음.

⑲ Can you get the flowers on the right in?
오른쪽에 있는 꽃을 그림(사진)에 들어가게 해주실래요?
- ▶ get ~ in → '~을(를) 넣다'
  flowers on the right → '오른쪽에 있는 꽃'.
- ▶ 사진을 찍을 때 오른쪽 꽃이 화면에 들어가게 해달라라는 표현.
  ▷ Can you get the Statue of Liberty in?
  자유의 여신상을 넣을 수 있습니까?

⑳ Say cheese! 웃어요!
- ▶ 사진 찍을 때 웃도록 하기 위해 상투적으로 사용하는 말.
  한국에서는 'Say Kimchi.'라고도 함.

㉑ Where was I? 어디까지 이야기 했지요?
- ▶ 어떤 이야기를 하던 중에 잠시 다른 화제로 넘어갔다가 다시 하던 원래 이야기로 되돌아 가서 '어디까지 말했더라?' 하고 물어볼 때 쓰는 말.
- ▶ 이 밖에도 'Where were we?' '우리 무슨 얘기 했었지?'도 쓰임.
  ▷ A: Where were we?
    우리 어디까지 말하고 있었지?
    B: Oh, we were talking about surprise party for Steve!
    스티브를 위한 깜짝 파티!

㉒ You mean... to the same company? 당신의 말씀은... 같은 회사로라는 의미인가요?
- ▶ 상대방의 내용을 분명히 이해 못했을 때 'you mean....' 사용. you mean... '당신의 의미는...' 그리고는 분명치 않은 부분을 반복하여 질문함.

▶ 여기서는 Steve가 한국으로 돌아온다고 했는데, 돌아오면 지금 다니는 그 회사로 돌아온다는 이야기인지 아닌지 분명치 않아 질문함.

㉓ I'll skip the dessert. 저는 디저트 안 먹을게요.
▶ = I'll pass on the dessert. skip~은 '~을 뛰어넘다'라는 뜻으로 본문과 같이 거절의 표현으로 종종 쓰임.

㉔ Can you wrap this bone for me? 이 뼈다귀를 좀 포장해 주시겠어요?
▶ wrap는 동사로 '포장하다'. 우리와 마찬가지로 음식을 집으로 가져가기 위해 '포장해 달라'는 표현은 'Can you wrap ~ for me?' for me를 쓰지 않으면 '포장하실 줄 아세요?'라는 의미로 오해될 소지 있음.
▷ doggy bag → 음식 남은 것 싸주는 봉지

Lesson 6  Where was I? [6주차]

## Q  POP QUIZ II

**Q1** 다음 대화의 빈칸에 들어갈 말로 적절한 것은?

> **A**: At last! We're going on a picnic today!
> **B**: Yes, I'm so excited.
> **A**: Are you _____?
> **B**: Yes, I'm.
> **A**: Good, then let's go!

① ready to go
② ready go to
③ to go ready
④ to ready go

≪Hint≫ set to go = ready to go

**Q2** 다음 중 turn out을 올바르게 사용한 문장은?

① The pictures turned great out!
② The pictures great turned out!
③ The pictures are turned out great!
④ The pictures turned out great!

≪Hint≫ turn out은 결과가 어떻게 되었음을 나타내며 뒤에 형용사 꼴이 나옴.

정답  Pop Quiz II : 1. ①  2. ④

## E  Exercise I

**1**  저기 있잖아요? (말을 시작할 때)

You know _____?

≪Hint≫ 말 서두에 별 뜻 없이 사용하는 말로서 빈칸에 의문사가 들어감.

**2**  일년 반을 여기서 지냈어요.

I've been here for _____.

≪Hint≫ 일년 반을 뜻하는데 'and'로 연결하여 쓸 것.

**3**  모든 사진이 잘 나왔어요.

All the pictures _____ great.

≪Hint≫ '결과로서, 결국 ~이 되다'의 숙어를 쓸 것.

**4**  포크를 떨어뜨렸어요. 새 것을 가져다주시겠어요?

I _____ my fork. Would you _____ me another one, please?

≪Hint≫ 바닥에 '떨어뜨리다'의 의미로 적당한 것을 쓸 것. 또, '가져오다'의 의미로 쓸 것.

**5**  이 뼈다귀를 싸 주실 수 있는지요? 강아지주려고 집에 가져가려고 합니다.

Can you _____ this bone for me? I'll _____ it home for my puppy.

≪Hint≫ '포장을 하다', '(겉을) 싸다'의 의미로 쓰이는 것을 쓸 것. '가져가다'의 의미로 쓸 것. 이는 위 4번의 답과는 반대의 의미의 단어를 쓰도록...

정답  Exercise I :  1. what
2. a year and a half
3. turned out
4. dropped, bring
5. wrap, take

# Lesson 6  Where was I? [6주차]

## E  Exercise II

**1** 좀 더 드세요 (식당에서)

_____

≪Hint≫ 'have' 동사를 씀에 주의하세요.

**2** 많이 먹었습니다.

_____

≪Hint≫ 역시 'have'를 사용하여

**3** 어디까지 이야기 했었지요?

_____

≪Hint≫ 의문사를 사용하여 '어디에 있었지?'의 의미가 되어야 합니다.

**4** 우리 사진을 찍어주실래요? (mind를 사용하여)

_____

≪Hint≫ (사진을) 찍다: 'take'

**5** 오른쪽에 있는 꽃을 포함시켜 주실 수 있어요? (사진 찍을 때)

_____

≪Hint≫ 포함하다는 'get'을 사용하여. 오른쪽에 'on the right'

---

**정답**  Exercise II:  1. Please have some more.
2. I've had enough.
3. Where was I?
4. Would you mind taking our picture?
5. Can you get the flowers on the right in?

# Bonus

세계화 시대를 맞이하여 해외여행을 언젠가 할 우리들인데 보너스에 있는 다음의 내용을 덤으로 한번 알아봅시다. 이제 gate 통과하여 기내로 들어와 좌석을 확인하고 앉는 장면입니다.

**S**(stewardess)　Good morning, sir.

**P**(passenger)　Good morning.

**S**　Welcome aboard.

**P**　Thank you. Excuse me, but where's my seat? It is 15H.

**S**　It's over there. Use the next aisle, please. It's an aisle seat.

**P**　Really? I prefer a window seat. Can I change it to a window seat, if possible?

**S**　Yes, we have some vacant window seats. Please go to 16J, then.

**P**　Thank you.... Uh... that's my seat. Could I get in?

**P**(passenger)**2**　Sure, go ahead.

**P**　Oh, before I go in, I need to put this in the overhead bin.

**P2**　I will help you with it.

**P**　Thank you....


**S**(승무원)　안녕하세요?

**P**(승객)　네, 안녕하세요?

**S**　탑승을 환영합니다.

**P**　감사합니다. 실례합니다만 어디가 제 자리이지요? 좌석 번호가 15H입니다.

Lesson 6   Where was I? [6주차]

S   저쪽입니다. 다음 편 복도를 보세요. 복도 쪽 좌석입니다.
P   정말요? 저는 창가 쪽 좌석을 더 좋아합니다. 가능하면 창가 쪽 좌석으로 바꿀 수 있을까요?
S   예. 비어있는 창가 좌석이 좀 있거든요. 16J로 가 보세요.
P   감사합니다. 저... 저기가 제 좌석입니다. 들어가도 되나요?
P2  물론입니다. 들어가세요.
P   아, 들어가기 전에 이것을 머리 위 선반에 올려야 되는데.
P2  제가 도와드리지요.
P   감사합니다.

❖ 창가좌석은 window seat, 복도좌석은 aisle seat입니다. 개인적으로 밖을 내다볼 수 있고 아늑하기도 한 창가 좌석을 좋아하시는 분이 계시기도 하고, 어떤 분들은 화장실도 자유로이 일어나 갈 수 있고 복도 쪽으로 팔과 다리를 뻗을 수 있는 복도 좌석이 더 좋다고 하시는 분도 계시지요. 저는 개인적으로 장거리는 aisle seat, 단거리는 window seat이 좋더라구요.

❖ Can I get in? → 복도 쪽에 앉아 있는 분에게 자기가 '안으로 들어가도 되나요?'라고 묻고 있습니다.

❖ overhead bin → 승객들 머리 위로 짐을 넣는 장소

## Crossroads
### 미국영어와 영국영어 - 어휘

동일한 의미이지만 영국영어와 미국영어에서 서로 다른 단어를 사용합니다.

| American English | British English |
|---|---|
| airplane | aeroplane |
| apartment | flat |
| area code | dialing code |
| can (깡통) | tin |
| candy | sweets |
| check (in a restaurant) | bill |
| fall | autumn |
| elevator | lift |
| truck | lorry |
| stand in line | queue |
| subway | underground |
| garbage | rubbish |
| gas | petrol |
| hood (on a car) | bonnet |
| mail | post |

# Wrap-up

### 1. Would you mind taking our picture?

- mind(꺼려하다) → 뒤에 동명사(~ing) 꼴이 옴.
- take a picture → 사진을 찍다

### 2. Can you get the flowers on the right in?

- get ~ in → ~을 집어넣다

### 3. You know what?

- 처음 말을 시작할 때 부드럽게 시작하는 유용한 표현

### 4. Where was I?

- 벗어난 주제로부터 다시 본 주제로 돌아야가 하는데, 어디까지 이야기했는지 잊은 경우에 쓰는 표현

# LESSON 7

# When it comes to~

## Introduction

### 말하기 포인트

이야기를 전개해 나가기
대화 중 불확실한 내용 확실히 하기

### 유용한 표현

When it comes to ~
You taught where?
What do I think of your what?

Happy English I | 이길영 교수

## Warm-Up

### B) Brainstorming 1-1

> M: Excuse me. Could you tell me where Macy's department store is?
> W: Well, you turn left at the next corner...
> M: What did you say?
> W: I said... you turn left at the next corner.
> M: Do you mean on this corner right here or the next corner?
> W: Turn at the next one. You will meet Capen street.
> M: What street?
> W: Capen. C A P E N.
> M: Oh, I see. Thank you.

위의 대화에 대하여 아래 답을 고르세요.

What are they doing?

① They are arguing with each other.
② They are joking with each other.
③ They are talking about direction.
④ They are playing upon words.

### B) Brainstorming 1-2

상대방의 말을 이해하지 못했을 때 되묻는 표현이 아닌 것 세 개를 ☑ 하세요.

- Pardon me?
- Excuse me?
- Say what?
- Go ahead.
- I'm sorry.
- What?

 Brainstorming 1-1: ③
Brainstorming 1-2: Go ahead., May I ask a favor of you?, No way!

▧ May I ask a favor of you?
▧ What do you mean?
▧ I beg your pardon?
▧ No way!
▧ What was that again?
▧ I didn't catch what you said.
▧ What did you say now?

## B ⟩ Brainstorming 2

( )에 들어갈 말로 부적절하지 않은 것은?

> W: Isn't there better way to deal with the serious situation?
> M: (       ), but there's nothing better we can do under the existing condition.

① That's too bad
② I'm so sorry
③ It's a pity
④ That's fine

정답  Brainstorming 2: ④

## D  Dialogue

▶▶▶ **Having desserts at the restaurant**

**Minho**     Steve, you mentioned you might come back to teach English?
**Steve**     Oh, yeah. I taught in Buffalo, New York, for a while.
**Chansoo**   You taught where?
**Steve**     Buffalo.
**Chansoo**   Isn't that the name of an animal?
**Steve**     Yeah, but it is also a city name in New York State. Actually, it is the second largest city in the state.
**Minho**     Really? What is it like?
**Steve**     It's the home of Niagara Falls. When it comes to honeymoon destinations, Niagara Falls is one of the most popular places.
**Minho**     Wow. I wish I could go there on my honeymoon.
**Steve**     Ha ha.
**Chansoo**   All right, getting back to your teaching, what did you teach?
**Steve**     I taught ESL.
**Chansoo**   What does that mean?

| | |
|---|---|
| Steve | English as a Second Language. I taught English to people whose first language was not English. |
| Chansoo | Oh, so you have some experience in the field. |
| Steve | Yes. |
| Minho | What do you think of our education system? |
| Steve | What do I think of your what? |
| Minho | Our education system. How does it compare with that in the States? |
| Steve | Well, it's completely different. Here... everybody has to study hard for one university entrance exam. |
| Minho | Then what about you? |
| Steve | In the States, we do not place an emphasis only on academic results. We value other areas also like sports, music and extra-curricular activities. |
| Minho | Wow... that's heaven. You will never know how much Korean kids suffer from studying. They stay up until midnight every night studying. |
| Steve | It is a pity that they have to cram so much. |
| Chansoo | Well, Steve.. when do you think you'll come back from Buffalo? |
| Steve | Maybe in six months... I don't know. I have to sort out some things at home first. I'll email you. |
| Minho | OK. Thank you. Let's keep in touch. |

## 해석

▶▶ 식당에서 디저트를 먹으며

| | |
|---|---|
| 민호 | 스티브, 영어를 가르치는 일로 이곳에 다시 돌아올지도 모른다고 말씀하셨죠? |
| 스티브 | 아, 예. 뉴욕의 버팔로에서 가르치는 일을 한 동안 했던 경험이 있거든요. |
| 찬수 | 어디에서 가르치셨다구요? |
| 스티브 | 버팔로요. |
| 찬수 | 버팔로는 동물 이름 아닌가요? |
| 스티브 | 맞습니다. 그리고 또한 뉴욕 주의 도시 이름이기도 하죠. 실은 그 주에서 두 번째로 큰 도시랍니다. |

| | |
|---|---|
| 민호 | 그래요? 어떤 도시인가요? |
| 스티브 | 나이아가라 폭포가 있는 도시죠.<br>신혼여행지에 있어서, 나이아가라가 단연 신혼여행자들에게 가장 인기 있는 장소이지요. |
| 민호 | 와~ 저도 신혼여행 그곳으로 가고 싶군요. |
| 스티브 | 하하 |
| 찬수 | 자, 다시 가르치는 이야기로 돌아가서, 무엇을 가르치셨나요? |
| 스티브 | ESL을 가르쳤죠. |
| 찬수 | ESL이란 무슨 의미죠? |
| 스티브 | '제 2언어로서의 영어'인데, 영어가 모국어가 아닌 사람들에게 영어를 가르치는 일이죠. |
| 찬수 | 아하, 그럼 그 분야에 있어 경험이 있으시군요. |
| 스티브 | 그렇습니다. |
| 민호 | 이곳의 교육 시스템에 대해 어떻게 생각하세요? |
| 스티브 | 무엇을 어떻게 생각하냐구요? |
| 민호 | 한국의 교육 시스템이요. 미국의 교육 시스템과 어떻게 비교할 수 있을까요? |
| 스티브 | 글쎄요. 너무나 다른 것 같아요.<br>여기서는... 모두들 한 차례의 대학입학 시험을 위해 공부를 열심히 해야만 하잖아요. |
| 민호 | 거기는 어떠한가요, 그럼? |
| 스티브 | 미국에서는 단지 학업결과에만 중점을 두진 않습니다.<br>체육이나 음악, 그리고 과외 활동 같은 다른 영역들도 중시합니다. |
| 민호 | 와, 지상 낙원이네요. 당신은 한국의 아이들이 공부 때문에 어떤 고통을 겪고 있는지 이해하지 못하실 거예요. 매일 밤 공부하느라 늦게까지 잠도 안 잡니다. |
| 스티브 | 그렇게 공부를 마구 꾸겨 넣듯 해야 한다니 애석한 일이군요. |
| 찬수 | 그래요, 스티브, 버팔로에서 여기로 언제쯤 돌아올 예정이세요? |
| 스티브 | 아마 6개월 안으로요... 잘 모르겠어요.<br>우선 집에서 여러 일들을 처리해야만 해요. 제가 이메일 보낼게요. |
| 민호 | 그래요. 고마워요. 계속 연락하고 지냅시다. |

Lesson 7   When it comes to~ [7주차]

##  Comprehension

**1. What is Steve going to do?**

① He is going to eat a buffalo.
② He is going to ride a buffalo.
③ He is going to teach buffalo.
④ He is going to Buffalo.

**2. Steve thinks it is pity that _____.**

① Korean students enjoy their hobbies in school
② Korean students suffer from studying too much
③ American students think studying is the most important of all
④ American students stay up until midnight everyday studying

정답   Comprehension: 1. ④   2. ②

# Coffee Break

잠시 머리를 식히면서 쉬었다가 갈까요?

## How would you like your eggs?

계란을 어떻게 익혀 드릴까요?

제가 1983년 카투사로 미군부대에 갔을 때입니다. 부대에서 식당은 'mess hall'이라고 종종 합니다. 아마도 식당은 어디나 늘 많은 사람에 혼란(mess)이 있어서인지 모르겠습니다. 처음 갔더니 사람들이 줄을 죽 서 있는데 무슨 줄인가 했더니, 계란을 직접 요리하여 주느라 그것을 기다리는 줄이었습니다. 뚱뚱한 흑인 주방장이 큰 소리로 외칩니다. "Hey, you! how do you like your eggs?"(어이, 당신! 어떻게 계란을 요리해 줄까요?) 나중에 보니 미군들은 아침에 계란을 두 개씩 꼭 먹더라구요. 그런데 그 조리법이 다양합니다. 계란요리 하나에도 그 익힌 상태에 따라 다양한 이름을 가지고 있습니다.

"How would you like your steak? 스테이크를 어떻게 구워드릴까요?"처럼 "How would you like your eggs? 계란을 어떻게 익혀드릴까요?"라고 물어 봅니다. 혹은 "What kind of eggs would you like?"이라고도 합니다.

이때. 앞뒤로 완전히 익힌 걸 좋아하는 분은 "Over hard, please."라고 하고, 앞뒤로 반쯤만 익혀져 젓갈로 푹 지르면 노른자가 흐르는 정도인 것은 "Over easy. please.", 노른자가 태양이 불룩 솟은 것처럼 뒤집지 않고 한 면만 프라이 된 것을 원할 때는, "Sunny-side up, please."라고 대답합니다.

표현이 너무 다양해서 머리가 복잡하신 분은 우선 자신이 먹는 계란 프라이의 스타일에 해당하는 걸로 우선 하나 확실히 기억해 두는 게 나중에 당황할 확률이 적다고 봅니다. 계란 프라이 외에도 삶아 먹으면 'boiled egg', 노른자와 흰자를 프라이팬에 서로 막 휘저어 익혀 먹는 것은 'scrambled egg'라 합니다. 또, 계란말이처럼 요리하면서 그 안에 양파, 치즈 당근 등등을 넣어 먹는 것은 'omelet'입니다. 저는 특별히 양파와 버섯, 피망을 넣어 만든 것을 좋아했지요...^^ 음... 군침이 도네요... 하하

## Main Study

### E  Expression I

❶ You mentioned you might come back to teach English? 영어를 가르치러 한국에 들어 올 수도 있다고 언급했지요?
- ▶ 지난주에 연이은 내용으로서, 의미는 '영어를 가르치러 한국에 돌아온다고 언급했지요?'
  - ▷ mention → 언급하다
- ▶ 'mention'은 'say'보다, 뚜렷한 구분은 힘들지만, '세부적으로 다 말하지 않고 간략하게 언급하다' '짧게 말하다'는 뉘앙스가 담겨있음.
  - ▷ I just mentioned it to him. 나는 그 일을 그에게 간단히 언급했을 뿐이다.
  - ▷ Did she mention when she would arrive? 그녀가 언제 도착할 거라고 말했니?
- ▶ Steve가 영어를 가르치러 한국에 다시 올지도 모른다고 짧게 말을 했기에, 구체적으로 확인을 위해 문장의 끝을 올렸고, 지금 더 구체적으로 묻는 상황.

❷ Oh, yeah. I taught in Buffalo, New York for a while. 아, 예. 난 한동안 뉴욕 주 버팔로에서 가르쳤어요.
- ▶ yeah, yep (비격식) = yes
  - cf nope
- ▶ Buffalo
  - ▷ 미국 뉴욕주 북부에 위치하며 캐나다 국경과 가까운 한 도시 이름
  - ▷ 뉴욕주에서 두 번째로 큰 도시
- ▶ Buffalo, New York → 뉴욕주의 버팔로
- ▶ Chicago, Illinois → 일리노이주의 시카고
- ▶ Denver, Colorado → 콜로라도주의 덴버
- ▶ Detroit, Michigan → 미시간주의 디트로이트

❸ You taught where? 어디서 가르치셨다고요?
- ▶ Buffalo라는 도시가 생소해서인지, 'I taught at my hometown, Buffalo, New York.'에 대한 의미를 분명히 이해 못한 찬수가 되묻는 것.
  이렇게 상대방의 이야기를 잘 이해 못하였을 때, 상대방이 한 말의 일부(you taught)를 반복하며 이해 못한 부분을 의문사(where)로 처리하여 억양을 올리는 이런 방식이 중요한 의사소통의 한 전략.
- ▶ 다음 대화 중 아이가 좋아하는 대상을 이해 못했기에 'what?'하며 올렸음.

▷ A: My son likes tyrannosaurus.

　B: Your son likes what?

　A: Oh, tyrannosaurus. That is a kind of dinosaur.

▶ 이 대화는 이해 못한 부분이 장소임을 감지하고 'where?' 하며 올렸음.

▷ A: I'm going to Mokpo, tomorrow.

　B: You are going where?

▶ 이 예문처럼, 의문사는 그 상황에 맞게 where, what, how 등등을 활용할 수 있음.

❹ When it comes to honeymoon place … 신혼여행지에 관해서 말하자면,

▶ 'when it comes to….' → '~에 관한 한', '~에 있어서는', '~에 관해 말하자면'으로 자연스럽게 화제를 전개시킬 수 있게 함.

▷ When it comes to playing tennis, he is the best guy.
테니스에 대해서라면, 그가 최고입니다.

▷ When it comes to eating out, Kelly is an expert.
외식이라면, Kelly가 꽉 잡고 있어요 (전문가예요).

❺ I wish I could go there on my honeymoon. 신혼여행으로 그곳에 가면 좋을 텐데요.

▶ "I wish +주어 + 과거동사"의 형태로 현재 이루지 못한 일, 앞으로 간절히 소망하는 일에 대한 기원을 이야기하는 표현. 그래서 본문에서 민호가 "신혼여행으로 나이아가라 폭포로 가면 좋을 텐데." 하면서 현재로서는 이룰 수 없는 희망사항이지만 그곳으로 갈 수 있었으면 하고 가정해보는 상황.

▷ I wish I could fly to you. 당신에게로 날아가면 좋을 텐데요.

▷ I wish I could come to you. 당신에게로 가면 좋을 텐데요.

▷ I wish I had a lot of money. : (지금) 돈을 넉넉히 가지고 있으면 좋으련만.
(Niagara Falls는 Buffalo에서 차로 20분 정도 걸리는 곳에 떨어져 있고, 폭포가 있는 행정구역상의 도시명은 Niagara Falls City 이니, 엄밀히 말하면 Buffalo로가 아니라 Niagara Falls City가 그 폭포의 home이 되네요. 그러나 넓게 보면 가능.)

❻ Getting back to your teaching, 아까 이야기하던 teaching으로 다시 돌아가서,

▶ 'get back' → 은 돌아가다, 돌아오다
이야기를 하다가 'Getting back to ~' 하면, 이는 '원래 하던 이야기, 화제로 다시 돌아가서'의 의미.

▷ Get back to the point. 본론(요점)으로 돌아갑시다.

▷ We are going to get back to work tomorrow, after long holidays.
긴 휴일을 보내고 우리는 내일 일터로 돌아갑니다.

❼ What does that mean? 그것은 무슨 의미인가요?
▶ 'mean' → (사물, 기호 등이) ~을 의미하다, 나타내다, 상징하다.
본문의 'I taught ESL.'이란 문장에서 ESL이 무엇을 의미하는 지 물어보고 있는 상황. 모르는 단어가 나왔을 때, 어떤 표지판 등의 기호들이 무엇을 상징하는지 궁금할 경우, 'What does that mean?' 문장으로 간단하게 해결.
▷ What does RSVP mean? RSVP가 무슨 의미이지요?
▷ Uljjang? What does it mean? 얼짱? 그게 무슨 의미인가요?

❽ Oh, so you have some experience in the field. 그 분야에 경력이 있군요.
▶ 'field'는 원래 '들판'이라는 뜻. 비유적으로 의미가 확장되어서 '(어떤 활동이나 연구의) 분야(sphere), 영역(area)' 등을 의미.
▷ She is an expert in the field of education. 그녀는 교육 분야에서 전문가이다.
▷ Business is not my field. 비즈니스는 제 영역이 아닙니다.

❾ What do I think of your what? 당신의 뭐에 대해 내가 어떻게 생각하느냐구요?
▶ 3번과 유사한 의사소통 전략. 들은 부분은 인용하면서 잘못 알아들은 부분을 의문사로 처리하고 억양을 올림. 여기서는 대명사를 유의. 상황에 맞는 꼴을 넣어야.
▷ you → I        our → your

❿ How does it compare with that in the States?
어떻게 그것(교육제도)이 미국의 그것과 비교되는지요?
▶ 두 대상을 구체적으로 비교해서 견주어 볼 경우에 'compare A with B' 혹은 'A compare with B'의 구문을 씁니다.
▷ States → '미국'을 가리킴 (州로 이루어져 있기에)

Happy English I | 이길영 교수

## Q POP QUIZ I

**Q1** 다음 대화 중 B의 밑줄 친 말을 잘 못 알아들은 A의 대답에 들어갈 알맞은 말은?

> A: Did you find out what time it plays?
> B: I checked out the time last night on the Internet. It plays at 7:00 p.m.
> A: It plays _____?

① where
② what
③ when
④ which

≪Hint≫ 시간을 못 알아들었으니 시간을 나타내는 의문사가 나와야.

**Q2** "When it comes to cooking, Susan is the best."에서 밑줄 친 부분의 해석이 가장 자연스러운 것은?

① 요리를 하러 올 때
② 요리사들 중에서
③ 요리를 배울 때에
④ 요리에 관한 한

≪Hint≫ '~에 대해서'의 의미. 관용적으로 잘 쓰임.

[정답] Pop Quiz I : 1. ③  2. ④

## E  Expression II

**⓫ We do not place an emphasis only on academic results.**
우리는 학업결과에만 강조를 하지 않습니다.
- ▶ 'place an emphasis on ~'은 '~에 강조를 두다'의 의미이니 곧 '~에 중점을 두다'의 뜻. 'emphasis'의 동사형인 'emphasize'를 써서 나타낼 수도 있음.
  = We do not emphasize only academic results.
- ▶ 위 문장에서 emphasis 앞에 more, great 등등을 써서 강조할 수도 있음.
  'place a great emphasis on'
  ▷ Schools nowadays place a great emphasis on speaking.
     요즘 학교에서는 말하기 교육을 크게 중요시하고 있다.

**⓬ We value other areas ... 우리는 다른 영역을 중시합니다.**
- ▶ 'value'는 '가치, 가격'이라는 명사형과 함께 '높이 평가하다, 존중하다, 소중히 하다'로 쓰임.
  ▷ She values health above wealth. 그녀는 부(富)보다 건강을 중요시 한다.
  ▷ We value his judgment. 우리는 그의 판단을 높이 평가한다.

**⓭ That's heaven. 거긴 천국이네요.**
- ▶ 'heaven' → '하늘, 천국'을 뜻함. 여기에서는 한국에 비해 미국의 교육 제도가 학생들에게 천국과도 같이 행복할 수 있는 환경을 제공해주고 있다는 말을 비유적으로 표현.

**⓮ Korean kids suffer from studying. 한국의 아이들은 공부로부터 고통을 받습니다.**
- ▶ suffer from ~ → ~으로부터 고통을 받다
  ▷ They suffer from hunger. 그들은 배고픔의 고통을 받고 있다.
  ▷ We have not suffered in vain. 우리는 헛되이 고통 받는 것이 아니다. (고생한 보람이 있었다.)

**⓯ They stay up until midnight every night studying. 그들은 공부하느라 매일 밤 자정까지 자지 않고 있습니다.**
- ▶ stay up → 잠을 자지 않고 일어나 있다
- ▶ stay up late → 밤늦도록 안자다
- ▶ stay up all night → 철야하다
  ▷ We stayed up late watching a film. 우리는 영화를 보기 위해 늦게까지 잠을 안 잤다.

▷ They stayed up all night talking. 그들은 얘기하느라 밤을 새웠다.

⓰ It is a pity that they have to cram so much.
그들은 그렇게 많이 억지로 구겨 넣어야(외어야) 하니 안됐네요.
- ▶ pity → 동정, 유감스러운 일, 애석한 일
- ▶ cram → '(장소, 그릇 따위에) 억지로 밀어 넣다, 다져 넣다'의 의미에서 (학생)에게 억지로 외우게 하다, '벼락공부를 시키다'의 뜻으로 확장된 단어.
- ▶ It is a pity that ~ → ~하다니 안타깝네요. (안 된 일, 고통, 불행에 대해 연민의 정을 표현할 때 사용)
  ▷ It's a great pity that he lost such a good chance.
  그가 그런 좋은 기회를 놓치다니 정말 애석한 일이네요.

⓱ I have to sort out some things at home first.
집에서 먼저 일들을 정리(처리)해야만 합니다.
- ▶ sort out → (물건 등을) 정리(정돈)하다, (문제 등을) 처리하다, 해결하다
  ▷ Sort out the kitchen cupboard. 부엌 선반을 정리해라.

⓲ Let's keep in touch. 연락하며 지냅시다.
- ▶ 1주차에서 배웠던 내용이지요?
  'touch'에는 '접촉, 연락, 교섭'의 뜻이 있어, 'keep in touch'는 '연락을 유지하다, 접촉을 지속하다'의 의미. 그래서 본문의 'Let's keep in touch.'는 '우리 서로 연락하고 지냅시다.'의 뜻.
- ▶ 누구와 연락이 끊기게 되었을 경우에는 'lose touch'의 표현이 있습니다.
  ▷ I've lost touch with her. 그녀와의 연락이 끊겼다.

⓳ I'll email you. 이메일 할게요.
- ▶ email → E메일, 혹은 전자우편이란 명사뿐 아니라 '~에게 E메일을 보내다. ~을 이메일로 보내다'라는 동사로도 아주 많이 활용되는 단어.
  ▷ I'll email the message to you. E메일로 메시지 보내드릴게요.
  ▷ If you have any questions, please email me at klee@cufs.ac.kr
  질문 있으시면 제게 klee@cufs.ac.kr로 E메일 주세요.
- ▶ cf snail mail
  ▷ I'd love to hear from you, either by email or snail mail.
  소식을 듣기를 원해요, 이메일로든 우편으로든.

Lesson 7  When it comes to~ [7주차]

### Q POP QUIZ II

**Q1** 다음의 내용과 <u>다른</u> 것은?

> It's a pity that they are suffering from hunger.

① They are hungry.
② They are in trouble.
③ We feel bad about it.
④ We are satisfied with their situation.

≪Hint≫ 'it's a pity that~' → '안타깝다'는 의미

**Q2** 다음 중 의미가 <u>다른</u> 하나는?

① Schools place an emphasis on grammar.
② Schools devalue grammar.
③ Schools emphasize grammar.
④ Schools value grammar.

≪Hint≫ place an emphasis on = value = emphasize

정답  Pop Quiz II : 1. ④  2. ②

## E) Exercise I

**1** B는 A의 대화 중 Buffalo를 잘 못 들었습니다. 그러면 어떻게 되물을 수 있는지요? You로 시작해보세요.

> **A**: I taught at my hometown, Buffalo in New York.
> **B**: You _____?

《Hint》 자신의 입장에서 그대로 이야기하면 되는데 특별히 못 들은 부분을 의문사로 처리하면 됩니다.

**2** (머리에) 많이 구겨 넣어야 하니 참 안타깝습니다.

> _____ that they have to cram so much.

《Hint》 '동정, 유감스러운 일, 애석한 일' 등의 의미가 있는 'pity'를 이용해 보세요.

**3** 우리는 학업성적에만 중요성을 두지 않지요.

> We do not _____ an emphasis only on academic results.

《Hint》 'emphasize'라는 동사형도 있으나 여기서는 'emphasis'라는 명사형을 사용하였으니 앞에 emphasis와 잘 어울리는 동사를 포함하면 됩니다.

**4** 공부하느라 매일 자정까지 잠을 자지 않고 일어나 있다.

> They have to _____ until midnight every day studying.

《Hint》 '잠을 자지 않고 일어나 있다'의 의미로 sit up이 있고 또 이와 유사한 숙어가 있음.

**5** 아까 당신의 teaching 이야기로 돌아가서, 무엇을 가르쳤는지요?

> _____, what did you teach?

《Hint》 get을 써서

정답  Exercise I :  1. taught where   2. It's a pity   3. place
                   4. stay up        5. Getting back to your teaching

## E  Exercise II

**1**  신혼여행에 관해서 말하자면, 나이아가라 폭포가 가장 인기 있는 곳 중의 하나입니다.

_____ honeymoon places, Niagara Falls is one of the most popular.

≪Hint≫ '~에 대해 이야기하자면', '~에 관한 한'의 의미로 들어갈 관용어구입니다. 관용적인 표현으로 잘 쓰이는 것이니 이 기회에 확실히 연습합시다.

**2**  그게 무슨 의미이지요?

_____

≪Hint≫ 역시 관용적인 표현입니다. 상대방의 말을 이해 못할 때, 이 말을 하며 물을 수 있습니다.

**3**  그곳으로 신혼여행 가면 좋겠네요.

_____

≪Hint≫ "I wish~"로 시작하여 '현재 이루지 못한 일, 앞으로 간절히 소망하는 일'에 대해 가정의 의미를 표현하면 구문이 필요합니다.

**4**  당신에게 이메일 하겠습니다.

_____

≪Hint≫ 'email'이 동사로도 쓰임을 알고 시도해 보세요.

**5**  그녀와의 연락이 끊겼어요.

_____

≪Hint≫ lose touch → 연락이 끊기다

---

정답  Exercise II:  1. When it comes to    2. What does that mean?
3. I wish I could go there on my honeymoon.
4. I'll email you.    5. I've lost touch with her.

# Bonus

Happy English I | 이길영 교수

비행기 좌석에 앉아 필요한 것을 승무원에게 요청하고 있습니다. 표현을 몰라서 가만히 있는 것도 답답한 일인데 잘 눈여겨 보세요.

**P**(승객), **S**(승무원)

P   How can I get my seat reclined?
S   Just press this button, please.
P   Thank you.
S   Sir, would you please fasten your seat belt?
P   Yes, I will. Do you have a Korean magazine?
S   Sure. I'll get it for you.
P   Can you also get me a blanket and a pillow?
S   Sure.
P   Thank you.
S   Here you are.
P   One more thing. How do I turn on the overhead light?


P   어떻게 의자를 뒤로 젖히는지요?
S   단추를 누르세요.
P   감사합니다.
S   좌석벨트를 매 주시겠어요?
P   예, 그러지요. 한국어로 된 잡지가 있습니까?

S 물론입니다. 가져다 드릴게요.
P 담요와 베개도 가져다주실래요?
S 물론입니다.
P 감사합니다.
S 여기 있어요.
P 한 가지 더요. 머리위의 저 불을 어떻게 켜는지요?

❖ 비행 중에 승객과 승무원 간에 있을 수 있는 여러 대화들이 나옵니다.
'이거 해 달라', '저거 해 달라' 말이 많은 승객을 승무원은 싫어하겠지만, 필요한 것이 있음에도 언어 문제로 가만히 있는 것도 참 안타깝습니다. 유용한 표현 몇 가지를 익혀둡시다.

- recline the seat          의자를 뒤로 눕히다
- fasten your seat belt     좌석안전벨트를 매다
- get me a blanket          내게 담요를 가져다주다

## Crossroads

### 호주영어와 싱가폴영어

### 1. 호주영어
영국언어를 기본으로 하지만 독특한 발음, 어법 등을 발전시켜 왔는데요. 이는 초기 이민자들이 Irish출신의 죄수, 도시하층민 출신인 남부 영국인들이기도 하기 때문입니다. 물론 초기 이주된 이들은 지배계층에 반발하는 입장이었지요.

20C 골드러시 동안에 Americanisation이 일어나게 되는데요, 또 2차대전에 미군의 영향받고 50년대 이후 미국 매스미디어 영향을 받게 됩니다. 그렇기에 미국식과 영국식, 즉 pants/trousers, lift/elevator가 호환적으로 사용됩니다.

호주영어가 우리가 알고 있는 영어와 다르게 사용되는 경우를 알아봅시다.

AusENG     ENGEng
goodday    hello
stove       cooker
house      bungalow
station     stock farm

또 호주영어 특유의 슬랭을 알아봅시다.

Slang of AusENG
arvo (afternoon)
barbie (barbecue)
mozzie (mosquito)
tata (thanks)
uni (university)

## 2. 싱가폴영어

싱가폴은 300만여 명의 적은 인구이나 17,000불의 높은 국민소득을 자랑하는 국가입니다. 인종은 중국계 77.5%, 말레이시아계 14.2%, 인도계 7.1%, 기타민족 1.2%로 구성되었지요.

영어가 1언어이고 기타 모국어가 2언어가 됩니다. 이들이 사용하는 영어를 바로 Singlish라고 하지요. 즉, 싱가포르에서 사용되는 영어이면서 중국인, 말레이시아인, 인도인 등의 독특한 억양과 용법이 가미된 영어라 할 수 있습니다.

특징을 보면 다음과 같습니다.
   첫째, OK lah? - 의미는 'OK이지요?'. No lah. Go to Singapore lah.
   둘째, ... is it? - 주어 동사 관계없이 '그래요?, 그렇죠?'란 뜻으로 자주 사용. 예를 들어, You have milk, is it? '우유 마실 거지?' 의미인데 정식 영어는 You have milk, don't you?
   셋째, makan - '먹다', 혹은 '식당'이란 뜻의 말레이어이나 영어와 함께 자주 쓰임. 예를 들어 'maken time'하면 식사시간.

Lesson 7  When it comes to~ [7주차]

## Wrap-up

### 1. When it comes to ~ '~에 대해서 말하자면'

- When it comes to playing tennis, he is the best guy.
- When it comes to studying English, wow... he studies so hard.

### 2. You taught where?

### 3. What do I think of your what?

- ②번과 ③번 모두 앞에 나온 상대방의 이야기의 일부를 인용하여 끝을 올려주면 분명치 않은 것을 질문하는 효과가 있음.

# LESSON 8

# Midterm

## Introduction

중간 평가

Lesson 8은 사이버한국외대 '초급영어회화입문' 수강생에게 제공됩니다.

# LESSON 9

# I'd like to, but~

## Introduction

### 말하기 포인트

전화 자동 응답기의 대화 기능 알기
상대방의 의견과 다른 의견 정중히 제시하기
전화로 물건 주문하기

### 유용한 표현

I'll get back to you as soon as I can.
Please give me a call when you get a chance.
I'd like to, but...
Do you accept credit cards?

## Warm-Up

### B) Brainstorming 1

> W: Hey, can you come to my party this Saturday night?
> M: Thanks for inviting me, but I have to meet my parents that evening. Maybe some other time.
> W: That's too bad. I hope you can join us next time.
> M: Yeah, I certainly will.

다음 중 위의 상황을 잘 드러낸 것은?

① The woman is selling a ticket to a party.
② The woman doesn't like the party.
③ The man is being invited to be in the party.
④ The man had a good memory of the party on the last Sunday.

### B) Brainstorming 2

전화 시 상대방이 부재중일 때 통상 흘러나올 내용이 <u>아닌</u> 것을 ☑하세요.

- He is not in right now.
- You've got the wrong number.
- Can you leave a message please?
- I'll call back to you when I'm back.

 Brainstorming 1: ③
Brainstorming 2: You've got the wrong number.

## Lesson 9  I'd like to, but~ [9주차]

### D 〉 Dialogue

▶▶ **Minho and Chansoo in the office**

Hi, I'm not able to come to the phone, right now. Please leave your message including your name and number after the beep. I'll get back to you as soon as I can. Thanks.

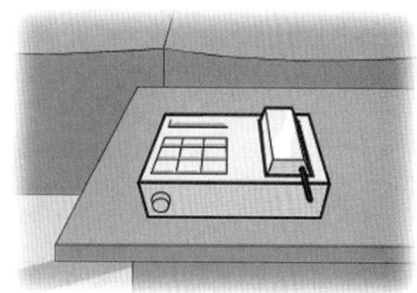

**Minho**  Hi, is this Sunmi's machine? I didn't hear a name....If this isn't Sunmi's machine, please ignore this message and if it is ...., er, this is Minho. Um, I just called to say hello. Please give me a call, when you get a chance. Thanks.

**Chansoo**  Oh, how is she doing, Minho? Long time, no hear!
**Minho**  I haven't seen her for a long time, either. But one thing for sure is that her birthday is just around the corner, and I am thinking about sending her some flowers.
**Chansoo**  Really? That's a great idea. Oh, by the way, don't you remember that I saw her at a coffee shop in Insadong? Why don't we meet her together?

| | |
|---|---|
| Minho | Well.... Chansoo... er.... I'd like to, but I think I'll meet her by myself, this time. Is that OK with you? |
| Chansoo | Uh, sure. |
| Minho | Thanks for understanding, Chansoo. Let me call a florist. (Dialing) |

| | |
|---|---|
| Florist | (voice on the phone) Interflora, may I help you? |
| Minho | Yes, I'd like to send a bouquet of flowers. |
| Florist | Did you have anything special in mind? |
| Minho | Oh, I'm not sure. |
| Florist | What's the occasion, sir? |
| Minho | This is for a lady's birthday. Um... I want something romantic. |
| Florist | I see. How much would you like to spend? |
| Minho | About thirty dollars. |
| Florist | Something romantic for thirty dollars... I can't make a romantic bouquet of flowers for thirty dollars. Can you spend a little bit more... like sixty dollars? |
| Minho | I'd like to, but that seems too much. Can you do it for fifty, then? |
| Florist | OK. I'll use red roses. Those are always popular... |
| Minho | Umm. I was thinking of something a little bit more original. |
| Florist | In that case, how about some wild flowers like forget-me-nots, with maybe some daisies. They have a romantic feel. |

Lesson 9  I'd like to, but~ [9주차]

| | |
|---|---|
| Minho | That will do. |
| Florist | What about the message? |
| Minho | The message will be "THINKING ABOUT YOU." |
| Florist | How would you like to pay? |
| Minho | Do you accept credit cards? |
| Florist | Yes, what type of card is it? |
| Minho | Visa. |
| Florist | Yes. What is the card number and its expiration date? |

## 해석

### ▶▶▶ 사무실에서 민호와 찬수

안녕하세요, 저는 지금 전화기를 받을 수 없습니다. 삐 소리가 나면 메시지와 이름, 연락처를 남겨주세요. 가능한 한 빨리 연락드리겠습니다. 감사합니다. (삐~♪)

| | |
|---|---|
| 민호 | 여보세요? 선미씨 전화기 맞나요? 이름을 말하지 않으셔서... 만약 선미씨가 아니라면 이 메시지 무시해 주세요, 그리고 맞다면... 어... 저 민호입니다. 음, 그냥 안부전화 드리는 거예요. 기회가 되면 연락 주실래요? 고마워요.<br>(민호가 전화를 끊자 옆에 있는 찬수가 선미의 안부를 묻는다) |
| 찬수 | 민호씨, 선미씨는 어떻게 지내요? 목소리 못 들은 지도 꽤 오래됐네요! |
| 민호 | 저도 오랫동안 못 봤는걸요. 그런데 하나 확실한 건 선미씨 생일이 바로 얼마 안 남았다는 거예요. 꽃을 보낼까 생각 중인데. |
| 찬수 | 그래요? 정말 좋은 생각이에요. 참, 지난 번 인사동 어느 커피숍에서 내가 선미씨 본 거 기억나시지요? 우리 다 같이 만나는 게 어때요? |
| 민호 | 글쎄... 찬수씨... 어... 저도 그러고 싶은데요, 이번엔 혼자 만났으면 해요. 그래도 괜찮을까요? |
| 찬수 | 아, 네. |
| 민호 | 이해해줘서 고마워요 찬수씨. 이제 꽃집에다 전화 좀 할게요. (전화걸기) |
| 화원 | Interflora입니다. 어떻게 도와드릴까요? |
| 민호 | 네, 꽃다발 배달을 하고 싶은데요. |

| | |
|---|---|
| 화원 | 특별히 원하시는 꽃이 있나요? |
| 민호 | 어... 잘 모르겠어요. |
| 화원 | 음... 무슨 특별한 날인가요? |
| 민호 | 네, 여자분 생일이에요. 음... 낭만적인 걸로 했으면 싶어요. |
| 화원 | 아 그렇군요. 생각하시는 가격대는요? |
| 민호 | 30달러 정도요. |
| 화원 | 30달러에 낭만적인 것이라... 낭만적인 꽃다발을 30불에 해드리기는 어려운데, 조금 더 쓰실 수 있으세요? 60달러 정도요. |
| 민호 | 저도 그러고 싶은데요, 그건 너무 비싼 것 같고요. 그럼 50달러에 해주실 수 있나요? |
| 화원 | 좋습니다. 그럼 붉은 장미로 만들어드릴게요. 붉은 장미는 항상 인기죠. |
| 민호 | 음... 저는 조금 독특한 걸로 했으면 싶은데요. |
| 화원 | 그렇다면, 야생화가 어떨까요? 물망초와 데이지로 해도 무척이나 낭만적 분위기가 나거든요. |
| 민호 | 그거면 되겠네요. |
| 화원 | 카드에는 뭐라고 적어드릴까요? |
| 민호 | "당신을 생각하면서"라고 해주세요. |
| 화원 | 계산은 어떻게 하시겠습니까? |
| 민호 | 신용카드 되나요? |
| 화원 | 네, 무슨 카드이시지요? |
| 민호 | 비자예요. |
| 화원 | 네, 카드번호와 만료일(유효기간)이 어떻게 되지요? |

Lesson 9  I'd like to, but~ [9주차]

 **Comprehension**

1. 민호는 무엇을 하고 있는지 고르세요.

   ① He is on a picnic with Sunmi.
   ② He is sending some flowers to Sunmi.
   ③ He is having coffee with Sunmi.
   ④ He is paying cash for the flowers.

2. 대화와 맞지 않는 것을 고르세요.

   ① Chansoo wants to meet with Sunmi, too.
   ② Chansoo met Sunmi the other day in Insadong.
   ③ Minho wants to make Sunmi think she is special to him.
   ④ Minho wants to send some roses.

 Comprehension: 1. ② 2. ④

# Coffee Break

잠시 머리를 식히면서 쉬었다가 갈까요?

**I must start again from scratch.**

난 처음부터 다시 시작해야만 해.

scratch는 영어회화에서 요긴하게 쓰입니다.

동사로는 '긁다', '할퀴다'의 의미입니다. 예를 들면, 'The cat scratched my face.' '고양이가 내 얼굴을 할퀴었다.' scratch를 사용하는 표현은 'Scratch my back and I'll scratch yours.' 이는 '내 등을 긁어주면 나도 네 등을 긁어주겠다.'의 의미로 '가는 말이 고우면 오는 말도 곱다'의 의미입니다. 또 'Scratch the surface'는 '겉핥기 하다', 즉 '핵심에 못 다다르다'의 의미입니다.

명사로는 '긁힌 상처'의 뜻이 있습니다. 그런데 오늘 초점을 두고자 하는 것은, '출발선' 등의 의미가 있다는 것입니다. 'scratch line'이라고도 합니다.

그래서 'start from scratch' 하면 '처음부터 시작하다', '무에서부터 시작하다'의 의미입니다.

예전에 아프리카에서 사역한 어느 미국 선교사님이 수년간의 사역을 접고 본국으로 돌아가기로 되어 있었는데, 그 분이 했던 말 가운데 이 말이 기억납니다. 'When I get back, I must start again from scratch.'

## Main Study

### E  Expression I

❶ I'm not able to come to the phone, right now. Please leave your message after the beep. (전화 자동응답기에서 나오는 소리) 전화기에 지금 다가갈 수 없습니다. 메시지를 남겨 주세요.
  ▶ beep - 삐 소리
  ▶ 동사 leave
    ▷ 떠나다 (종종 장소가 뒤에 나옴)
      I'll leave Korea, tomorrow. 나는 내일 한국을 떠날 것입니다.
      The plane leaves Kimpo at 11:00. 비행기는 김포비행장을 11시에 떠납니다.
    ▷ 남기다
      Please leave your message. 메시지를 남겨주세요.
      Please leave me alone! 제발 저를 좀 내버려 두세요!

❷ I'll get back to you. 제가 다시 연락드리겠습니다.
  ▶ 문자 그대로 해석하면 '당신에게 돌아가겠습니다'. → 회신을 약속하는 표현.
  ▶ = I'll call you back. 제가 다시 전화 드리겠습니다.
    I'll get back to you as soon as I can. (가능한 빨리~)
    I'll get back to you in an hour. (한 시간 지나서~)
    I'll get back to you as soon as I'm ready. (제가 준비되는 대로~)

❸ As soon as I can 가능한 한 빨리, 최대한 빨리
  ▶ = As soon as possible = As soon as I'm ready
    ▷ As soon as possible은 각 단어의 첫 글자를 떼어 ASAP라고 줄여서도 흔히 쓰는 표현 입니다. 이 표현을 활용하여 as soon as ~ (~가 되는 대로 빨리)를 다양하게 쓸 수 있습니다.
      예 as soon as I can (내가 할 수 있는 한 최대한 빨리)
        as soon as you finish (당신이 끝나는 대로)
        as soon as you wake up (당신이 일어나는 즉시)
        as soon as winter comes (겨울이 오면 바로)
        as soon as you say 'yes' (당신이 "네"라고 말하는 즉시)

❹ Give me a call when you get a chance. 기회 있으면 전화해 주세요.
- ▶ Give me a call. = Call me.
  - ▷ '누구누구에게 전화를 걸다'할 때, give (somebody) a call = call (somebody)

❺ Long time no hear! 오랜만에 듣는 소식이군요!
- ▶ 오랫동안 소식을 듣지 못했다가 들었을 때 하는 말.
  - ▷ Long time no hear.는 Long time no see. (못 본지 오래됐다)라는 관용표현에서 비롯된 것.
  
  본문에서는 민호가 선미에게 전화를 거는 장면이 나오기 때문에 찬수가 "목소리 못 들은 지 오래됐다(Long time no hear.)"라고 말하고 있음. 만약 직접 만났다면 "Long time no see."라고 했을 것입니다.

❻ One thing for sure is that her birthday is just around the corner.
한 가지 분명한 것은 그녀의 생일이 코앞이다.
- ▶ for sure → 분명히, 확실히
- ▶ '시간' 및 '거리'상의 근접함을 뜻하는 just around the corner 거리상 근접함을 뜻할 때는 말 그대로 '저 골목 곁에'있다는 뜻이며, 시간상 근접함을 나타낼 때는 우리말의 '코앞이다'와 아주 비슷한 뜻으로 얼마 시간이 남지 않음을 뜻함.
  - ▷ Christmas is just around the corner, I feel excited.
    크리스마스가 코앞으로 다가왔어요. 흥분됩니다.
  - ▷ The school is just around the corner.
    그 학교는 바로 저 골목 곁에 있어요.
    - cf. beat around the bush 말을 빙빙 돌리다 [변죽을 울리다]
      Stop beating around the bush and tell me what you want.
      말을 빙빙 돌리지 말고 무엇을 원하는지를 말해주세요.

❼ I'm thinking about sending her some flowers.
그녀에게 꽃을 배달할까 생각 중입니다.
- ▶ 위처럼 동명사를 사용하여 I'm thinking about v~ing은 '~를 고려한다'는 의미.
  We're thinking about going to the concert 우리는 연주회에 갈까 생각하고 있습니다.
  - ▷ I'm thinking about it. 생각 중입니다.
  - ▷ Let me think about it. 생각 좀 해 보겠습니다.

Lesson 9  I'd like to, but~ [9주차]

## Q POP QUIZ I

**Q1** 자동응답의 메시지로 들어갈 적당한 말은?

① Please leave a message.
② Please leave me alone.
③ Please leave now.
④ Please leave it there.

≪Hint≫ leave ~ alone 내버려두다  leave 떠나다  leave it there 그곳에 두다

**Q2** '설날이 얼마 지나지 않아 있습니다.'라고 할 때 쓸 수 있는 표현은?

① New year's day is just far from here.
② New year's day is long time ago.
③ New year's day is just around the bush.
④ New year's day is just around the corner.

≪Hint≫ 코앞이다, '바로 저 골목길에 있다'의 의미로 생각해 볼 것

정답  Pop Quiz I :  1. ①   2. ④

## E) Expression II

❽ By the way 그런데 → 이야기를 전환할 때 쓰임.
   ▶ 때때로 앞 글자만 따서 약어로 'BTW'라고도 함.
      ⓒf ASAP = as soon as possible
         TBA  = to be announced
         ABD  = all but dissertation
         TGIF = thank God it's Friday
      ▷ Please reply to me ASAP. 가능한 빨리 응답하세요.

❾ I'd like to, but...
   상대방의 의견에 일부 동의하나 사실은 다른 의견이 있을 때 사용하는 말.
   ▶ 즉, 상대방의 입장을 어느 정도 수긍하는 친절을 보이면서, 자신의 다른 의견을 기분 상하지 않게 개진하는 방법. 본문에서는 민호가 선미를 만날 때 찬수가 곁다리로 선미를 같이 만나려고 하자 나오는 대사입니다.
   '나도 당신(찬수)이 같이 만나면 좋겠어요, 하지만 이번엔 나 혼자 선미를 만나겠어요.'의 의미입니다. 미묘한 감정의 복선이 느껴집니다.^^
   이외에도 여러 표현이 있습니다.
      ▷ I understand what you're saying, but...
      ▷ It is OK, but...

❿ Is it OK with you? 당신 괜찮으세요?
   ▶ = OK?, Is it all right with you?
      ▷ 전치사 with를 씀에 주의

⓫ A bouquet of flowers 꽃 한 다발
   ▶ = A bundle of flowers
   ▶ A piece of paper 종이 한 장
   ▶ A bag of chips 감자칩(과자) 한 봉지
   ▶ A pile of work 일 (한) 더미
   ▶ A string of questions 질문 한 보따리

⓬ What's the occasion? 무슨 특별한 날인가요? → 연유, 이유를 묻는 표현
   ▶ occasion은 '행사', '시기', '때'를 뜻합니다.
   ▶ On such a happy occasion 결혼식 등에서 '이처럼 행복한 때에~'라고 할 때.

▷ What's the occasion? 무슨 특별한 날이지요?, 어떤 행사를 위한 것인가요?
→ 본문에서는 꽃집주인이 어떤 행사인지 알아야 그에 걸맞는 꽃을 골라주겠다는 의미가 내포됨.

⓭ Something romantic for thirty dollars? 30불에 낭만적인 거요?
- ▶ something
- ▶ everything + 형용사  ┐ 뒤의 형용사가 앞 단어를 수식.
- ▶ anything
  ▷ for ~에 대한 대가로, ~와 상환으로
  I paid $ 50 for this watch.
  I sold the car for $2,000.

⓮ Something a little bit more original 보다 더 독창적인 것으로요.
- ▶ original → 독창적인
  예컨대, forget-me-not 물망초(야생화의 일종)같은 것을 들 수 있음.
- ▶ 평범하기보다 좀 남다른 꽃으로 하여 환심을 사려는 마음을 이야기하고 있음.
  original이 something을 뒤에서 수식함.

⓯ That will do. 그거면 되겠네요.
- ▶ That will do. 그거면 되겠네요.
  보통 'will'과 같이 쓰여 '~에 쓸모가 있다' '괜찮다'
  ▷ This box will do for a seat. 이 상자는 걸상으로 괜찮다.
  ▷ Will 10,000 won do? 만원이면 되지요?

That's it.으로 바꾸어 쓸 수 있음.
- ▶ That's it. 바로 그거네요. 딱입니다.
  = That's a great idea.
  = That's the idea I was looking for.
  다른 의미로는 '끝맺음'이라는 뜻이 있음.
  OK, that's it for today. That's it for my speech.

⓰ How would you like to pay? 어떻게 지불하실 것인지요?
- ▶ How would you like to pay, cash or charge? 어떻게 지불하실 건가요, 현금 아니면 카드로요?
- ▶ charge = a charge card 신용카드
  ⓒ Credit or debit? 신용카드 혹은 직불카드로요?

❼ Do you accept credit cards? 신용카드 받나요?
  ▷ accept → 받아들이다, 수락하다.

❽ What type of card is it? 어떤 카드인가요?
  ▷ Master, Visa, American Express
  ▷ expiration date 유효기간 만료일자
    04/27 (2027년 4월)

## Q POP QUIZ II

**Q1** 대화 상대와 다른 의견이 있을 때, 정중하게 자신의 의견을 개진하는 데 사용하는 구문이 <u>아닌</u> 것은?

① It is OK, but...
② I agree with you to some extent, but ...
③ I understand what you're saying, but...
④ I'm in trouble with you, so...

≪Hint≫ 상대방이 앞에 한 말에 동의하면서 반전을 해야 함.

**Q2** 다른 의미로 쓰인 'for' 하나를 고르세요.

① I bought this camera for $350.
② I bought a cable for my computer.
③ I sold this computer for $ 200.
④ I gave my camera for his watch.

≪Hint≫ for가 2번에선 '~에 적합한, ~의 목적에 맞는'의 의미지만, 다른 것들은 모두 '~에 대한 값으로', '~에 대한 상환으로'의 의미임.

정답 Pop Quiz II: 1. ④  2. ②

Lesson 9　I'd like to, but~ [9주차]

## E） Exercise I

**1** 전화 주세요.

> Give me a _____.
>
> ≪Hint≫ 통상 call은 동사로 잘 쓰이지만, 여기선 call이 명사로 쓰이는 경우입니다.

**2** 가능한 한 빨리 연락 주겠습니다.

> I'll _____ _____ to you as soon as I can.
>
> ≪Hint≫ 'I'll call you back.'의 의미로 'get'을 사용하여 시도해 보세요.

**3** 나도 그러고 싶어, 그러나 시험을 보아야 해.

> A: Would you like to go on a picnic, tomorrow?
> B: _____ _____ _____, _____ I have to take an exam tomorrow.
>
> ≪Hint≫ 상대방의 의견과 다른 의견 정중히 제시하는데 필요한 구문.

**4** 신용카드를 받나요?

> Do you _____ credit cards?
>
> ≪Hint≫ '수락하다'로 잘 쓰이는 단어. '~을 수락한다, 받는다' 등에 잘 쓰입니다.

**5** 오랜만에 듣는 소식이군요.

> Long time, _____ _____.
>
> ≪Hint≫ Long time, no see.에서 나온 말임.

정답　Exercise I :　1. call　　2. get back　　3. I'd like to, but
　　　　　　　　　　4. accept　　5. no hear

## E Exercise II

**1** 삐소리가 나면 메시지를 남겨주세요.

　　　_____

　　《Hint》 자동응답기에 거의 습관처럼 쓰이는 구문입니다. 이 기회에 확실히 연습하세요.

**2** 단지 안부전화 했어요.

　　　_____

　　《Hint》 say hello를 사용 해보세요.

**3** 그녀의 생일이 코앞입니다 (얼마 안 남았습니다).

　　　_____

　　《Hint》 'corner 저 쪽에'라는 구문을 사용해 보세요.

**4** 무슨 특별한 날인가요?

　　　_____

　　《Hint》 occasion은 행사, 특별한 날을 가리킵니다.

**5** 딱 이네요.

　　　_____

　　《Hint》 '바로 그겁니다.' 등의 의미로 쓰이는 말.

---

[정답] Exercise II: 1. Please leave your message after the beep.　2. I just called to say hello.
3. Her birthday is just around the corner.　4. What's the occasion?
5. That's it.

# Bonus

이제, 비행기가 이륙했습니다. 해외로 가는 비행기 안, 기장의 인사말이 나오고...
기대되는 여행입니다...

(**Captain**) : Ladies and Gentlemen, this is your captain speaking.
Welcome to UA Flight 23 from Seoul to New York via Tokyo.
The weather ahead is good and it looks like it'll be a smooth flight all the way. I hope you enjoy your flight, and please do make use of our flight attendants if you need anything.
Thank you.

**(A passenger asks to a flight attendant)**

P   Do I need to keep my seat in the upright position?
S   No, sir. The fasten-seat-belt sign is off. Now, you may unfasten your seatbelt and put your seat back.
P   I see. By the way, will there be a movie showing during the flight?
S   Yes, sir. There will be two movies showing. You can read the details in the brochure.
P   Oh, and will there be subtitles?

S   We provide dubbing in several languages. You can adjust the channel to find the language you want.
P   Thank you.
S   You're welcome.

**(기장)** : 여러분 안녕하십니까, 기장입니다.
서울에서 뉴욕으로 동경을 경유해 가는 UA 23편 비행기를 타신 것을 환영합니다. 현재 날씨가 좋습니다. 그래서 순탄한 비행이 예상이 되고요, 승객 여러분께서는 즐거운 비행이 되시기를 바랍니다.
필요한 게 있으시면 언제든지 저희 승무원들이 돕도록 하겠습니다.
감사합니다.

**(승객이 승무원에게 묻는다)**

P   의자를 계속 세우고 있어야 되나요? (= 젖히면 안 되나요?)
S   아니요, 안전벨트 매라는 사인이 꺼졌어요. 안전벨트를 이제 풀러도 되며, 의자도 뒤로 젖히실 수 있습니다.
P   그렇군요. 참, 비행 동안 상영하는 영화 있나요?
S   네, 손님. 두 편의 영화를 상영할 겁니다. 브로슈어를 보시면 자세한 내용이 나와 있습니다.
P   아, 그리고 자막도 나오나요?
S   저희는 몇 개 언어로 더빙을 제공하고 있습니다. 원하시는 언어로 채널을 조정하시면 들으실 수 있습니다.
P   감사합니다.
S   천만에요.

❖ 'This is your captain speaking.'은 전화통화를 할 때와 마찬가지로, 본인이 누구인지를 밝힐 때 "this is ~(누구)"를 씁니다.

❖ 승무원을 통상 남성인 경우엔 steward, 여성인 경우엔 stewardess라고 하는데 여성 직업을 지칭하는 접미어 ~ess가 성차별 이라는 주장 하에 남성, 여성을 막론하고 점점 flight attendant(승무원)라고 동일하게 지칭하는 경향이 있습니다.

# Lesson 9  I'd like to, but~ [9주차]

❖ upright position : (의자를) 똑바로 세운 것을 뜻합니다.

❖ Do I need to keep my seat in the upright position?은 계속 똑바로 세워야 하는지를 묻는 것이 아니라, 뒤로 의자를 내려도 되겠냐는 것을 의미합니다.

❖ fasten your seatbelt (지난주에 배웠습니다) 안전벨트를 매다
 (반대: unfasten your seatbelt)

❖ put your seat back 의자를 뒤로 젖히다

❖ a movie showing 상영되는 영화

❖ subtitles 자막

❖ adjust the channel 채널을 조정하다

## Crossroads
### 인터넷 채팅 용어

인터넷 시대입니다. 다음은 인터넷 채팅할 때 쓰는 용어들입니다.
뿐만 아니라 휴대폰의 문자메시지로도 사용가능합니다.

| | |
|---|---|
| BRB | be right back |
| BTW | by the way |
| LOL | laugh(ing) out loud |
| KIT | keep in touch |
| FYI | for your information |
| B4 | before |
| CUL | see you later |
| AFK | away from keyboard |
| BAK | back at the keyboard |
| HAND | have a nice day |
| THX | thanks |

## Wrap-up

### 1. I'll get back to you as soon as I can.

- as soon as I can = as soon as possible
- get back → 돌아가다
- 여기서는 '전화연락을 주다'

### 2. Please give me a call when you get a chance.

- give me a call = call me
- when you get a chance → 기회가 혹 있다면 (상대방을 배려하는 어감)

### 3. I'd like to, but...

- 상대방의 의견에 다른 의견 있을 때, 공손히 응대하며 말을 시작할 때 사용.

### 4. Do you accept credit cards?

- 지불하는 한 방법으로 '신용카드 받으시는지요?'의 의미

# LESSON 10

# I'm sorry to interrupt you, but…

## Introduction

### 말하기 포인트

상대방의 말에 공손히 의사표현 하기
잘못 전달된 자신의 의도를 확실히 하기
자신의 주장을 말하기

### 유용한 표현

I'm sorry to interrupt you, but...
I didn't mean to say that...
I would say...

Happy English I | 이길영 교수

# Warm-Up

## B) Brainstorming 1

> **Woman**: Can you hold the nail for me?
> **Man**: Sure.
> ..................................................
> **M**: Ouch...
> **W**: Does it hurt?
> **M**: A little bit...
> **W**: I'm sorry. I didn't mean to hurt you.
> **M**: I know. Don't worry.

위의 대화에 있어 여성의 감정에 맞는 것을 고르시오.

① The woman is angry.
② The woman is pleasant.
③ The woman is embarrassed.
④ The woman is painful.

## B) Brainstorming 2

자신의 의견을 보다 정확히 드러나게 하는 시도로 볼 수 없는 것은?

① What I mean is ~
② Listen please. This is what I am saying.
③ I mean that ~
④ Please make yourself understood.

**정답**
Brainstorming 1: ③
Brainstorming 2: ④

## D Dialogue

▶▶ **Minho and Hyunsook in the office**

**Minho**  Hyunsook, can you come over here for a minute to meet James? This is James - our new advertising assistant. I'm showing him around a bit and introducing him to the staff.

**Hyunsook**  Hello, James. I'm Hyunsook. Welcome aboard.

**James**  Nice to meet you.

**Minho**  James, you'll be working under Hyunsook.

**James**  Oh, I see. Great.

**Hyunsook**  Actually, we are comrades. If you are familiar with the harsh competition out in the advertising market, you'll know what I mean.

**James**  I got a glimpse of the Korean market through briefing this morning... but, not much...

**Hyunsook**  You'll get it... not overnight, though. James, this way... I'll introduce Mr. Nam, our Director. He is in charge of marketing. Oh, he is out... he sits over there. He is basically pretty cool, but you'd better watch out. He has a mean temper and to make matters worse, he...

| | |
|---|---|
| **James** | I'm sorry to interrupt you but I don't want to be prejudiced against him. |
| **Hyunsook** | Oh, sorry. I didn't mean to say that I'm prejudiced against him, either. |
| **James** | That's all right. I know you didn't mean to do it. By the way, what media do we use for advertising our clients? |
| **Hyunsook** | We mostly work with magazine ads. I would say we are fully qualified and experienced in this field. |
| **James** | What concepts do we have? |
| **Hyunsook** | The whole atmosphere is bright and sometimes colorful. As the targeted group is young people, we think using famous faces is definitely an advantage. |
| **James** | Who do we use for the ads? |
| **Hyunsook** | Pop singers, movie stars, sometimes pro-baseball players. But, you know what? The cost of using celebrities is really high! |
| **James** | Yeah, It is. Thank you, Hyunsook, for the input. |
| **Hyunsook** | It's been a pleasure. See you around. |

## 해 석

### ▶▶▶ 사무실에서 민호와 현숙

**민호**  현숙 씨, 잠시 여기 오셔서 제임스 씨와 인사 나누시겠어요? 이분은 제임스구요, 우리 광고부의 새로운 보조 사원이십니다. 제가 이 곳에 대해 잠시 안내해드리고, 사원들에게 소개해 드리려고 합니다.

**현숙**  안녕하세요, 제임스. 저는 현숙이라고 합니다. 입사를 환영합니다.

**제임스**  만나 뵙게 되어서 반갑습니다.

**민호**  제임스, 당신은 현숙 씨 밑에서 일하게 될 거에요.

**제임스**  오, 그렇군요.

**현숙**  사실상, 우린 전우나 마찬가지죠. 광고 시장의 치열한 경쟁에 대해 잘 알고 계신다면, 제 말이 무슨 말인지 이해하실 거예요.

**제임스**  오늘 아침에 브리핑을 통해 한국 시장에 대해 얼핏 살펴보았습니다. 충분하게는 아니구요...

**현숙**  차차 알게 될 거예요.... 그렇다고 하루아침에는 아니지만. 제임스, 이리로...제가 우리 마케팅의 책임자이신 남 이사님을 소개해 드릴께요. 어머, 안계시네요... 보통 저 쪽에 앉아계시는데. 그분은 본래 아주 멋진 분이지만, 조심하셔야 할 거에요. 좀 비열한 기질이 있고, 더 나쁜 건 그분이...

**제임스**  말씀하시는데 죄송합니다만 전 그분에 대해 편견을 갖고 싶진 않습니다.

**현숙**  어, 미안해요. 저도 그분에 대해 편견을 가지고 있다는 뜻은 아니에요.

**제임스**  괜찮습니다. 그런 의도로 말씀하시려고 하신 건 아니라고 저도 알고 있습니다. 그런데, 광고주를 광고하는데 우리는 어떤 매체를 사용하고 있습니까?

**현숙**  우리는 대부분 잡지 광고 일을 합니다. 이 분야에서 우리는 풍부한 경험과 숙련된 자질을 갖추었다고 봅니다.

**제임스**  우리의 컨셉은 무엇이죠?

**현숙**  전체적으로 밝고 때로는 화려한 분위기입니다. 타깃 층이 젊은이들이기 때문에 유명인들의 얼굴을 사용하는 것이 분명 강점으로 작용합니다.

**제임스**  광고에 누구를 쓰죠?

**현숙**  대중 가수들, 영화배우들, 때로는 프로 야구 선수들도요. 하지만, 그거 아세요? 유명인들을 쓰면 비용이 엄청 많이 들죠.

**제임스**  예, 그렇죠. 여러 정보를 주셔서 감사합니다.

**현숙**  저도 즐거웠어요. 또 뵙죠.

## C > Comprehension

1. 이 대화와 맞는 것을 고르세요.

    ① James는 이 회사의 거래처에서 온 사람이다.
    ② 이 회사의 사장님은 유명한 사람이다.
    ③ 현숙은 광고시장에 대한 지식이 전혀 없다.
    ④ James는 한국의 광고를 조금씩 잘 알아가는 단계이다.

2. 현숙은 James와 어떻게 만나게 된 관계인가요?

    ① 전부터 알던 친구사이인데 현숙은 James의 회사에 방문했다.
    ② 그동안 함께 일하였고 이제 James는 새로운 곳으로 떠날 것이다.
    ③ 이제 현숙과 James는 서로 한 회사의 같은 부서에서 일하게 되었다.
    ④ James는 Mr. Nam 대신에 이제 저 빈 자리에서 일하게 된다.

정답  Comprehension: 1. ④  2. ③

# Coffee Break

잠시 머리를 식히면서 쉬었다가 갈까요?

> **Meeting?**
> 
> 미팅?

70-80년대에 대학을 다닌 사람들은 '미팅'하면, 서로 모르는 남학생과 여학생이 다방(요즘의 커피숍)에서 만나는 것을 떠올릴 것입니다. 저도 고등학교 시절, 대학가면 드디어 미팅이란 것을 하겠구나 하고 대학생들의 미팅을 선망어린 기대감으로 바라보았던 적이 있습니다^^. 여러분들은 그런 기대감이 없으셨나요?

10년 전, 학생의 신분으로 인턴십 과정을 위해 미국으로 간 제 친구는 토요일 오후 1시에 외부에서 미팅을 한다는 상사의 말을 듣고 깜짝 놀라며 동시에 신이 났습니다. 아직 총각인 그는 일하러 온 곳에서 이런 반가운 제안을 받다니 조금 의외였지만, 정장차림으로 멋을 부리고 나갔습니다. 그런데 보니 남녀가 만나는 미팅이 아니라 회의자리였습니다.

영어에서 meeting이란 회의를 뜻합니다. 굳이 우리 식으로 '미팅, 소개팅'을 뜻한다면 blind date라고 하면 됩니다. 즉 누구를 만날지 모르는 가운데, 마치 무작위(blind)로 만나는 것처럼 만나는 것을 말합니다. 실제로 영어권 국가에서는 자연스럽게 남녀가 만날 자리가 많기 때문에, 구태여 인위적으로 blind date를 하는 경우가 많지 않은 것 같습니다. 요즈음의 한국이 이런 실정인 듯 학생들이 이런 것에 별 관심이 없는 것 같습니다.

그러나 제가 대학 다닐 때만 해도, 미팅(blind date)을 많이 했습니다. 일대일로 혹은 과 전체가 하는 경우도 있었지요... 그중에 하나는 '나체팅'이라고 있었습니다. 여러분들은 오잉?! 무슨 이상한 것이라고 색안경을 쓰시고 보실 것 같은데요... ^^ 뭐냐하면 그 당시 25년 전... 창경원이 야간에 개장하여 '밤 벚꽃 놀이'를 할 때 (3월 말~4월 중순경), 과별로 단체로 모여 단체 미팅을 했었습니다. 나체팅은 바로 밤(night: 나이트)과 벚나무(cherry tree: 체리트리)의 각 첫 글자(나이트의 '나', 체리트리의 '체')를 따서 합성어로 나체팅이 된 것이지요... ^^ 하하... 창경원이 창경궁이 되면서 야간개장이나 그 안의 놀이시설이 없어져 나체팅은 이제 역사 속의 대학생 문화로 남아 있네요.

## Main Study

### E ▶ Expression I

❶ Can you come over here? 이리로 오시겠습니까?
  ▶ over 너머, 건너
    ▷ I went over to Japan.
      나는 일본에 건너 갔다.
    ▷ Let's ask some friends over.
      친구 몇 명을 이리로 오라고 하자.
    ▷ Put it down over there.
      그것을 저 건너편에 놓아요.
  ▶ sleepover 친구 집에서 여럿이 함께 자며 놀고 오기

❷ He's David's successor. 그는 David의 후임자입니다.
  ▶ 'success'에 'or'이 붙어서 '성공한 사람'이라고 생각하기 쉬우나, 사실은 동사 succeed에 '성공하다'의 의미 외에 '계승하다'의 뜻이 있어서 '후임자', '계승자'의 뜻임. 반대말은 'predecessor'로 전임자를 의미함.
    참고로 '성공한 사람' 혹은 '합격자'의 의미로는 'success'를 사용함.

❸ I'm showing him around a bit. 그를 여기저기 좀 둘러보게 하고 있습니다.
  ▶ show + A(사람) + around + B(장소) → A에게 B의 여기저기를 보여주다
    여기서 본문에 B는 바로 회사 내부임을 맥락으로 알고 있으니 B를 생략하였음.
    ▷ I'll show you around Seoul area.
      서울을 이곳저곳 구경시켜 드리지요.
    ▷ I'll show you around Korea.
      한국을 이곳저곳 구경시켜 드리지요.
    ▷ Before you start work, I'll show you around so that you can meet everyone in this office. 일을 시작하기 전에, 다른 분들께 인사시켜 드리겠습니다.

❹ Welcome aboard. 승선을 환영합니다.
  ▶ 'aboard'는 '(배, 비행기 등을) 타고, 승선하여'의 뜻으로 'welcome aboard'는 보통 비행기나 배에 올라탔을 때 들을 수 있는 말 '승선을 환영합니다'의 뜻. 우리말에 '우리도 이제 한 배를 탔으니, 잘해봅시다'라는 비유적인 표현이 있듯 여기에서 회사라는 곳을 함께 항해해 갈 비행기나 배와 같다고 보고 신입사원에게 '입사를 환영합니다'의 의미.
    ▷ We welcome you aboard.

### Lesson 10  I'm sorry to interrupt you, but… [10주차]

우리는 당신의 승선을 환영합니다. 우리는 당신의 입사를 환영합니다.
  ▷ All aboard! 전원 승선(탑승)해 주세요!

❺ James, you'll be working under Hyunsook. 제임스, 당신은 현숙씨 밑에서 일하게 됩니다.
  ▶ 'work under~'는 말 그대로 '~밑에서 일하다'라는 의미. 즉, Hyunsook이 James의 상관, senior or supervisor가 되는 것임. 여기에 대해 Hyunsook은 'Actually, we are comrades.' 라는 말로 받았습니다. 'comrade'에는 '동지, 동료, 친구'의 뜻. 상관/부하가 아닌 동료직원 (coworker or fellow employee)이라고 하자는 Hyunsook의 열린 마음을 볼 수 있음.
  ▶ 즉, 떠난 Steve 대신 James가 후임으로 온 것임.
    ▷ James is replacing Steve. 제임스가 스티브를 대신한다.
    ▷ TV has replaced rodio. TV가 라디오 대신 등장했다.

❻ If you are familiar with the harsh competition out in the advertising market
  만약 광고시장의 가혹한 경쟁에 대해 알고 있다면
  ▶ be familiar with → (전에 본 적, 들은 적, 다룬 적이 있어) 잘 알고 있다, 정통하다는 뜻.
  ▶ 'harsh'는 '가혹한', '냉정한'의 의미.
    ▷ advertising market → 광고시장
    ▷ It sounds familiar. 친숙하게 들립니다.
    ▷ I'm not familiar with science. 과학에 친숙하지 못합니다.
    ▷ harsh reality 가혹한 현실

❼ I got a glimpse of the Korean market. 한국시장에 대해 얼핏 살펴보았습니다.
  ▶ glimpse → 힐끗 보기(a brief, quick view), 대충 보기(incomplete view)
  ▶ get (catch, have) a glimpse of → 얼핏 살펴보다
    ▷ I caught a glimpse of him in the crowd.
      군중속의 그를 얼핏 보았습니다.
    ▷ I only got a glimpse of the thief, so I can't really describe him.
      그 도둑을 얼핏 보아 그를 묘사하기 어렵습니다.

❽ You'll get it, not overnight, though. 아시게 될 거예요, 하룻밤 사이에는 아니지만요.
  ▶ 여기서 'get'의 의미는 '~을 알아듣다, 이해하다'의 뜻. 하룻밤에는 아니지만 '(차차) 알게 될 거예요'라고 해석. 일상 회화에서 아주 요긴하게 쓰임.
    ▷ A: Did you get it? 이해했어요?
      B: I got it! 아, 알겠어요!

A: Isn't that funny to you, right? 재미있지요?

B: I didn't get that joke. 난 그 농담을 이해하지 못했어요.

▶ though는 통상 문두에 오지만 여기서는 구어체로 문장의 맨 뒤에 오게 해서 살짝 부정의 뜻을 암시하고 있음.

▷ You didn't do your homework? You will be fine, though. Your teacher is very kind. 숙제 안 했다구요? 뭐 괜찮을 거예요, 그렇지만. 선생님이 친절한 분이거든요.

❾ this way... 이리로요...

▶ 길을 안내할 때 종종 쓰는 말

㏇ that way... 저리로요...

❿ He is in charge of marketing. 그는 마케팅을 책임지고 있어요.

▶ in charge of → ~을 책임지고 있다, ~을 관장하다

▶ Who's in charge of this area? 이 지역의 책임자가 누구입니까?

▶ Cash or charge? 현금으로 하시겠어요, 아님 카드로 하시겠어요?

(영화 L.A Confidential의 대화 한 구절)

▷ A: Who's in charge of this investigation? 이 사건 담당이 누구지?

B: Captain Smith and myself, why? 스미스 반장님과 접니다. 왜요?

⓫ He's basically pretty cool. 그는 기본적으로 멋지신 분이예요.

▶ 날씨나 공기가 '서늘한, 시원한'의 의미인 'cool'도 있지만, 사람의 성격이나 상황에 대해 설명하는 말로 '유쾌한, 멋진'이라는 뜻으로도 빈번히 쓰이는 표현. 특히 청소년들이나 대학생들 사이에서 그들 대화 사이에 상대방의 말을 호의적으로 맞장구 칠 때 가장 많이 쓰이는 표현인데 너무 자주 써서 원래의 의미가 사라지기도 함. pretty는 '매우'라는 뜻으로 'cool'을 수식하는 부사임.

▷ A: What do you think about him? 그에 대해 어떻게 생각해?

B: He's cool. 멋진 친구지요.

▷ A: How about going to see a movie? 영화 보러 갈까요?

B: Cool! 좋아요.

Lesson 10  I'm sorry to interrupt you, but…  [10주차]

## Q POP QUIZ I

**Q1** 다음 대화의 밑줄 친 부분과 뜻이 가장 유사한 단어는 무엇일까요?

> A: Isn't it funny?
> B: I don't <u>get</u> the joke.

① make         ② understand
③ have         ④ mean

≪Hint≫ 여기서 get은 이해하다

**Q2** 다음의 (   ) 안에 들어갈 말로 가장 적절한 것은 무엇일까요?

> A: What is your responsibility?
> B: I'm in (   ) of product development.

① charge       ② familiar
③ process      ④ glimpse

≪Hint≫ be in charge of~ ~을 관장하다

[정답] Pop Quiz I : 1. ②  2. ①

### E  Expression II

⓬ You'd better watch out. 조심하셔야 할 겁니다.
- ▶ had better = 'd better → ~하는 것이 좋겠다.
- ▶ watch out → ~주의하다, 조심하다, 경계하다, 감시하다
    - ▷ A: Watch out! The path along here is pretty slippery.
      조심해! 길이 아주 미끄러워.
    - B: O. K I'll be careful. 응 조심할게.

⓭ He has a mean temper. 그는 비열한 기질이 있어요.
- ▶ 'mean'은 대개 동사로 'I mean it.' 할 때의 '~을 의미하다' 로도 쓰이나, 여기에서는 사람의 성질이 '사악한, 비열한, 심술궂은, 적의가 있는'이란 의미의 형용사로 쓰임.
- ▶ temper → 기질
    - ▷ Don't be mean to her. 그녀에게 비열하게 굴지 마.
    - ▷ It's mean of you to say such a thing. 그런 이야기를 하다니 야비하시군요.
- ▶ 그 다음 문장의 'To make matters worse'는 '설상가상으로'의 의미로 자주 쓰입니다. 일이 자꾸 꼬일 때 쓰는 말이지요.

⓮ I'm sorry to interrupt you, but... 방해하고 싶지 않지만은...
- ▶ 상대방의 이야기 중에 끼어들고 싶을 때, 무례하게 바로 할 말을 하지 않고, 먼저 양해를 얻어야 함. 이 때 사용하는 전략의 하나임. '방해하여 미안합니다.'란 의미.
    - ▷ interrupt → 방해하다, 가로막다

⓯ I don't want to be prejudiced against him. 그에 대해 편견을 갖고 싶지 않아요.
- ▶ be prejudiced against → ~에 대해 편견을 갖다
- ▶ prejudice → 편견, 적대감 혹은 동사로서 against와 잘 쓰이며 '~에 편견을 갖게 하다', '~을 싫어지게 하다'의 의미인데 이 때, 보통 수동형으로 많이 쓰임.
    - ▷ Scientists seem to be prejudiced against religion.
      과학자들은 종교에 편견을 갖고 있는 듯 보인다.
    - ▷ racial prejudice 인종적 편견, Pride and Prejudice 오만과 편견

⓰ I didn't mean to say that~ ~할 의도가 아닙니다
- ▶ 위에서 나온 '사악한, 비열한'의 'mean'은 형용사로 쓰였고, 여기에서는 '~의 뜻으로 말하다, ~ (어떤 의도를) 꾀하다, 의미하다'의 동사로 쓰임. 'mean to~'는 '~할 의도이다'의

의미입니다. 그래서 여기에서는 'that 이하를 말하려는 의도는 아니었습니다', 즉 '의도는 없습니다.'라고 해석.
▷ I didn't mean to hurt your feelings. 기분 상하게 하려는 건 아니었어요.
▷ I didn't mean to say such a thing. 그런 말을 하려고 한 것은 아니었어요.

⓱ That's all right. 괜찮아요.
▶ 상대방이 미안하다는 사과의 의미를 하면 '괜찮다'라는 의미로 받아 쓸 수 있음.
▷ A: I'm sorry. 미안합니다.
　B: That's all right. 괜찮아요.

⓲ I would say... 저는 ~라고 생각해요.
▶ 여기서 'would' 자신의 의지를 이야기 할 때 쓰임.
▶ '나는 ~라고 본다'라는 자신의 의견이나 주장을 말할 때 쓰임.
▷ A: Do you know how old he is? 그분 연세가 얼마나 되는지 아세요?
　B: Let's see. I would say he is about forty.
　　글쎄요. 저는 그분이 40세 쯤이라고 생각해요.
▷ I'd say the capital punishment should be abolished.
　나는 사형제도가 폐지되어야 한다고 봅니다.

⓳ The atmosphere is bright and colorful. 분위기가 밝고 화려하네요.
▶ atmosphere → 대기(지구를 둘러싼), 분위기
▶ 여기서는 분위기
▷ The classroom atmosphere is great. 교실의 분위기가 좋습니다.

⓴ See you around. 또 봅시다.
= I'll see you. = I'll see you again. = See you.
헤어질 때 쓰는 말.

## Q POP QUIZ II

**Q1** 다음 A가 다음의 말을 하고 덧붙일 말 중 괄호안의 가장 자연스러운 문장은 무엇입니까?

> **A**: The path along here is pretty slippery. (           )
> **B**: OK. I'll be careful.

① Watch your mouth!
② Watch over your head!
③ Watch your time!
④ Watch out!

≪Hint≫ watch out: 조심해

**Q2** 다음 중 'mean'의 의미가 <u>다른</u> 하나는 무엇입니까?

① Don't be so mean to her.
② It's mean of you to do that.
③ I mean it.
④ He played me a mean trick.

≪Hint≫ mean의 의미엔 동사로서의 의미와 형용사로서의 의미가 다름.

정답  Pop Quiz II: 1. ④  2. ③

Lesson 10  I'm sorry to interrupt you, but… [10주차]

## Exercise I

다음 보기의 단어를 보고 각 문제의 빈칸을 채울 알맞은 것을 고르세요.

> charge    matters    atmosphere    glimpse    briefing

**1** The whole (        ) is bright in the class.

≪Hint≫ '분위기'의 의미로 고르세요.

**2** I got a (        ) of the Korean market.

≪Hint≫ '힐끗 봄'의 의미로 고르세요.

**3** He is in (        ) of marketing.

≪Hint≫ '주관', '관장' 등의 의미로 고르세요.


## Exercise II

**1** '제가 그런 의도로 말한 것은 아닙니다.'의 뜻이 되도록 괄호를 채우세요.

> I didn't (        ) (        ) say that.

≪Hint≫ mean to ~ : ~할 의도이다.

**2** 공손히 끼어들려 합니다. '방해해서 미안합니다'란 의미로 어떻게 말할까요?

> _____, but I have to say this.

≪Hint≫ 이 표현은 외우시면 좋겠네요. '방해하다, 가로막다'의 동사가 뭐지요?

**정답**
Exercise I : 1. atmosphere    2. glimpse    3. charge
Exercise II : 1. mean, to     2. I'm sorry to interrupt you

3 A의 말에 적절하게 응답을 해 보세요.

> A: I'm sorry.
> B: _____

≪Hint≫ '괜찮아'의 의미가 되도록

4 '설상가상으로'의 의미가 되도록 써 보세요.

_____

≪Hint≫ matters를 사용해서

5 자신의 의지가 공손히 들어가도록 빈칸을 채우세요.

> A: How was the exam? Was it difficult?
> B: I _____ say it was easy.

≪Hint≫ 'I would say'는 공손하게 자신의 의지를 내보입니다.

6 저는 그에 대해 편견을 갖고 싶지 않습니다.

_____

≪Hint≫ prejudice를 수동형으로 써 보세요.

7 그를 이 사무실 여기저기 둘러보게 하고 있습니다.

_____

≪Hint≫ show around를 사용하여

**정답** Exercise II : 3. That's all right.　　4. To make matters worse
5. would　　6. I don't want to be prejudiced against him.
7. I am showing him around the office.

# Lesson 10 I'm sorry to interrupt you, but… [10주차]

해외여행중 비행기내의 음료 및 식사 서비스, 기대되는 것 중 하나입니다.

S   Would you care for a drink?

P   What kind of beverages do you have?

S   We have Coke, ginger ale, orange juice and water.

P   Do you have any diet drinks?

S   We have diet Coke. Here you are.

P   Thank you. When will the meal be served?

S   It will be served in 15 minutes sir.

(In 15 minutes)

S   Would you like chicken or beef?

P   Beef, please.

S   Here you are.

P   Thank you. Well, I know I will still be hungry.

If you have any leftover meals, would you get it for me, please?

S   마실 것을 원하십니까?

P   어떤 종류의 음료수가 있습니까?

S   콜라, 진저레일, 오렌지주스, 물이 있습니다.

P   다이어트 음료가 있는지요?

S 네, 있습니다. 여기 있어요.
P 감사합니다. 식사는 언제 주시지요?
S 15분 있으면 됩니다.
S 치킨으로 하실래요? 쇠고기로 하실래요?
P 쇠고기요.
S 여기 있습니다.
P 감사합니다. (먹어도) 여전히 배가 고플 것이거든요.
   남는 음식 있으면 제게 좀 갖다 주실래요?

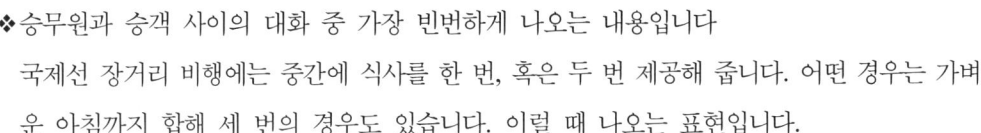

❖ 승무원과 승객 사이의 대화 중 가장 빈번하게 나오는 내용입니다
  국제선 장거리 비행에는 중간에 식사를 한 번, 혹은 두 번 제공해 줍니다. 어떤 경우는 가벼운 아침까지 합해 세 번의 경우도 있습니다. 이럴 때 나오는 표현입니다.

❖ Coke는 우리가 흔히 알고 있는 코카콜라를 의미합니다.
  ginger ale은 탄산음료의 일종입니다.

❖ diet를 찾는 분들이 있습니다. diet coke, diet seven up 등등 말입니다.

❖ 여기서 승객은 배가 고플 것을 이야기하며 한 번 더 먹으려 합니다.
  leftover meal 하면 남겨진 음식을 말합니다.

## Crossroads

### 이모티콘(Emoticon)

이모티콘은 인터넷 전자메일이나 채팅 그리고 휴대폰 메시지 등을 보낼 때, 글의 내용을 좀 더 보충하기 위해 키보드 글자나 부호들을 이용하여, 보통 얼굴표정을 흉내내거나 느낌을 나타내는 것입니다.

재미있는 것은 이모티콘에도 서양식과 동양식이 있습니다.

서양식은 옆으로 나타내는데 반해 동양식은 바로 세워 나타내는 특징이 있습니다. 덧붙이면 서양식은 입 모양에 주로 변화가 있으며 동양식은 눈 모양에 변화가 있습니다.

| Western | Asian | Meaning |
| --- | --- | --- |
| :-) | ^_^ | happy |
| :D | ^o^ | smiling |
| :O | O_O | surprised/shocked |
| ;-) | ^_~ | wink |
| :-( | T_T | sad |

## Wrap-up

**1. I'm sorry to interrupt you, but...**

- 상대방의 이야기 중 다소 공손한 태도로 끼어들 때

**2. I didn't mean to say that...**

- 잘못 전달된 자신의 의도를 확실히 할 때

**3. I would say...**

- 자신의 의지를 드러낼 때
- I would say he is qualified to pass the exam.
  그는 시험에 합격할 만하다고 말할 수 있지요.
- I would say he is OK.
  제 생각에 그는 괜찮은 사람입니다.

# LESSON 11

# What do you think about~?

## Introduction

### 말하기 포인트

상대방의 의견을 묻기
부연설명하기
강하게 부정하기

### 유용한 표현

What do you think about it?
What I'm saying is ~
No way!

Happy English I | 이길영 교수

# Warm-Up

## B) Brainstorming 1-1

> Woman: So... that's the reason why I take the train.
> Mam: I still don't understand. The bus is much cheaper.
> Woman: I know the bus is much cheaper. What I'm saying is that I just want to take the train. That's all. Do you understand?
> Man: Yes, OK.

위 내용을 바르게 묘사한 것을 고르시오.

① He is teaching her how to take a train.
② He is threatening her to take a train.
③ She is giving a direction to the station.
④ She is trying to make clear why she got the train.

## B) Brainstorming 1-2

자신의 말을 오해하거나 잘 이해 못하는 상대방에게 자신이 한 말을 부연해서 더 명확히 설명을 하고자할 때 사용하는 구문과 거리가 먼 것을 모두 ☑ 하세요.

- I mean that~
- Do you understand what I'm saying?
- What can I do for you?
- What I'm saying is~
- Who do I see about?
- I'd like to make clear that~
- What I mean is~
- My point is~

정답 | Brainstorming 1-1: ④
Brainstorming 1-2: What can I do for you?, Who do I see about?, Do you think I had a good time?

Lesson 11  What do you think about~? [11주차]

## B) Brainstorming 2

한 남자가 아래의 말을 했으나 여자가 부정을 나타냅니다. 다음 중 부정의 정도가 가장 심한 두 개를 고르면 어느 것일까요?

> M: He has done a good job until now.
>    I think we'd better give him a second chance.
> W: (                    )

- I don't think so.
- No way!
- It can't be true.
- No, not at all.
- It might not be right.
- It doesn't seem to be the case.
- It might not be right.

 Brainstorming 2: No way!, No, not at all.

## D ) Dialogue

▶▶▶ **The following conversation is taking place in the office between Minho and James**

**Minho** So, James, what do you think about our Seoul office?

**James** Well, I can't really say much now, but it sure seems like an exciting place to work.

**Minho** There are many challenges going on in the office currently and I am sure that you will find them quite stimulating. I'll tell you what they are. Why don't we have a talk over coffee in the lounge. Please have a seat.

**James** Thank you. What are the current challenges?

**Minho** One of the major challenges is putting up a 3 minute TV advertisement about a charity for children with cancer. Any ideas come to mind?

**James** So the purpose of the advertisement is to inform the public of the charity's goodwill?

**Minho** Yes, that is correct. We also need to announce to the public that there are many ways to help these sick children and there are many benefits for the sponsors, too.

## Lesson 11  What do you think about~? [11주차]

**James**  Oh, wait wait, please. I am a bit confused. Do you mean that the advertisement needs to focus on informing the public of its goodwill, or the benefits for the sponsors?

**Minho**  What I'm saying is that we need to let the public know there are some ways to help the children in need. At the same time, we need to attract some sponsors. Hope my explanation helps.

**James**  Perfect! So the advertisement should reflect the ways to help the children with cancer. Furthermore, our advertisement needs to attract as many sponsors as possible to participate in the charity.

**Minho**  Yes, that's the idea. I know you are tired due to jet lag. However, if you have any ideas, let me know.

**James**  Of course.

**Minho**  There'll be a welcome-party for you. Please be prepared to sing a song.

**James**  What? No way!

**Minho**  Ha ha. James, singing a song in a welcome-party is a custom in Korea.

**James**  Really? I'm tone-deaf and sound terrible.

**Minho**  Don't worry. There will be a karaoke machine. You just need to sing softly and the machine will take care of the rest.

### 해 석

▶▶ **사무실에서 민호와 제임스의 대화**

**민호**    그래, 제임스, 서울 사무실에 대해 어떻게 생각하세요?

**제임스**  글쎄요, 지금은 당장 뭐라 말하지 모르겠지만, 분명 신나게 일할 수 있는 곳으로 생각됩니다.

**민호**    요즘 사무실에서는 많은 업무들이 진행되고 있는데, 전 제임스가 그것들이 꽤 고무적인 일임을 알게 될 거란 확신이 듭니다. 제가 그것들이 무엇인지 말씀드리죠. 우리 라운지에서 커피 마시면서 이야기할까요? 앉으세요.

**제임스**  감사합니다. 현재 진행되고 있는 업무에 어떤 것들이 있죠?

**민호**    주요 업무 중의 하나는 소아 암 환자들을 위해 활동하는 자선 단체에 대한 3분짜리 TV 광고를 제작하는 일입니다. 떠오르는 아이디어가 있나요?

**제임스**  그렇다면 광고의 목적이 그 자선 단체의 좋은 의도를 대중들에게 알리기 위함인가요?

**민호**    예, 바로 그것입니다. 또한 우리는 몸이 아픈 어린이들을 돕는 다양한 방법과 후원자들에게도 여러 혜택이 있다는 것을 대중들에게 알릴 필요가 있습니다.

**제임스**  어, 잠깐만요. 조금 헷갈리는 부분이 있는데요. 그 광고가 자선 단체의 좋은 의도와 후원자들의 혜택 중 어느 것에 대해 중점적으로 알릴 필요가 있다는 말씀이신가요?

**민호**    제가 말하려고 하는 것은 우리가 도움이 필요한 아이들을 돕기 위한 몇 가지 방법들을 대중들에게 알려야 한다는 데 있습니다. 그와 동시에 우리는 후원자들도 끌어 모아야 합니다. 제 설명이 도움이 됐으면 좋겠네요.

**제임스**  훌륭해요! 그러니까 그 광고는 소아암 환자들을 도울 수 있는 방법들을 반영해야 하고 더 나아가 그러한 자선 단체에 가능한 많은 후원자들을 끌어 모을 수 있어야 한다는 거군요.

**민호**    예, 그것이 요점입니다. 제임스가 시차로 피곤한 상태라는 건 알지만, 좋은 아이디어가 있으면 알려주세요.

**제임스**  물론이지요.

**민호**    그리고 당신을 위한 환영파티가 있을 겁니다. 노래 한 곡 정도 부를 준비를 하셔야 합니다.

**제임스**  뭐라구요? 말도 안돼요!

**민호**    하하, 제임스, 환영 파티에서 노래를 부르는 것은 한국에서 하나의 관습이라 할 수 있습니다.

**제임스**  정말입니까? 전 음치에다 목소리도 아주 안 좋은데요.

**민호**    걱정 마세요. 가라오케 기계가 있을 겁니다. 제임스는 단지 편안히 부르기만 하면 돼요. 나머지는 기계가 알아서 처리해 줄 겁니다.

Lesson 11  What do you think about~? [11주차]

##  Comprehension

**1. 대화 내용과 틀린 것은 어느 것인지 고르시오.**

① James is learning about the company.
② They are sitting in the lounge
③ The company is advertising about helping children with cancer.
④ Minho is the new employee in the company.

**2. 대화 내용과 맞지 않은 문장을 고르시오.**

① James is afraid of singing a song.
② The company advertises a karaoke machine.
③ Minho is helping James to be adjusted for the company.
④ Singing a song is a kind of tradition in a welcome-party.

 Comprehension: 1. ④  2. ②

Happy English I | 이길영 교수

# Coffee Break
잠시 머리를 식히면서 쉬었다가 갈까요?

**the physically challenged,**
**the linguistically challenged?**
신체적으로 도전을 받는 이들,
언어적으로 도전을 받는 이들?

본문 해석에서 'challenge'에 '도전, (해볼 만한) 과제, 난제'라는 뜻이 있음을 살펴보았습니다.

우리의 인생살이에 문제가 있을 때 문제(problem)보다 도전(challenge)이라는 단어를 쓰면 긍정적인 맛이 들어 있습니다. 어렵지만 한 번 해보고자 하는 의욕도 생깁니다. 여러분들도 실제로 사용해보세요. 'It is a big problem.'하며 낙망하기보다 'It is challenging.'라고 말하면 희망이 담긴 말입니다. 형용사 꼴인 'challenging'은 '도전적인'의 뜻 이외에도 '해볼 만한, 의욕을 돋구는'의 의미가 있습니다.

한 가지 더, 여러분 혹시 '신체가 불편한 장애우'들을 영어로 어떻게 표현하는지 알고 계십니까? 만약 'the disabled'나 'the handicapped'로만 알고 있다면, 더 나아가 'the physically challenged(신체적으로 도전을 받고 있는 사람들)'을 꼭 기억했으면 합니다. 이것이 예의를 갖춘 것일 뿐만 아니라 긍정적인 시각입니다.

우리도 '장애자→장애인→장애우'로 점점 괜찮은 표현들을 찾아가는 것처럼 영어에도 그런 흐름이 있는데, 이런 흐름에 잘 맞추어 언어를 사용해야 글로벌 지구촌 시민으로서의 매너를 지킬 수 있지 않을까 생각됩니다.

미국유학 중, 장애우용 주차 칸에 주차해서 티켓을 받은 어떤 유학생이 무안한 나머지 경찰관에게 이렇게 말했답니다.

"I'm not physically challenged. But I am linguistically challenged and I thought I could park here.^^"

즉, "저는 신체적인 도전은 받지 않습니다. 그러나 언어적으로 도전을 받고 있는 장애우이기에 이곳에 주차해도 되는 줄 알았습니다.^^" 유학생으로서 영어에 늘 시달리며 도전받는 삶이다보니, 자신이 언어적인 장애우로서 이곳에 주차해도 되지 않느냐는 의미입니다. 당근 안~ 되지요..!!!

예 Toilet seats for the physically challenged / 장애우 용변기 시트
예 Communication aids for the physically challenged / 장애우 의사소통보조용품
예 Hearing aids for the physically challenged / 장애우 보청기

## Lesson 11  What do you think about~? [11주차]

# Main Study

## E  Expression I

❶ What do you think about it? 그것을 어떻게 생각하세요?
- ▶ 상대방의 의견을 물어보는 표현.
    - ▷ What do you think about studying English? 영어공부 어떻게 생각하세요?
        = How do you find studying English?
    - ▷ What do you think about going on a picnic, tomorrow?
        내일 소풍가는 것 어떻게 생각하세요?

❷ I can't really say. 정말 뭐라고 말할 수 없네요.
- ▶ I can't speak. 말할 수 없어요. (예, (일본어를) 말할 수 없어요.)
- ▶ I can't say. 뭐라 말할 수 없어요. (뭐라고 말해야 할지 알 수 없어요.)

❸ It sure seems like an exciting place to work. 일하기에 흥미있는 장소인 듯 보입니다.
(구어체에는 like를 넣는 경향이 있음)
- ▶ seem → ~처럼 보인다, ~인 듯하다, ~인 것처럼 생각되다
- ▶ sure → (부사) 정말로
    - ▷ It sure is humid here. 정말로 여기 습하네요.
    - ▷ He sure looked happy. 그는 정말 행복해 보였어요.
    - ▷ good place to work 일하기에 좋은 장소
    - ▷ good place to stay 머무르기에 좋은 장소
    - ▷ good time to study 공부하기에 좋은 시간
    - ▷ You seem very familiar to me, have we met before?
        매우 낯익어 보이시는데, 우리 전에 만난 적이 있나요?
    - ▷ It seems likely to rain. Take your umbrella.
        비가 올 듯해요. 우산을 가져가세요.

❹ There are many challenges going on in the office currently.
사무실에 현재 많은 도전 (과제)들이 있지요.
- ▶ 'challenge'는 '도전, (해볼 만한)과제, 난제'의 뜻을 가진 명사형과 '~에 도전하다, ~에 이의를 제기하다'의 동사형 둘 다 쓰임.
    여기에서는 사무실에서 해볼 만한 과제, 즉 업무로 해석함.
    - ▷ It is a problem. = It is a challenge.

▶ a challenge to violence 폭력에의 도전
　▷ The challenge today is to promote social welfare.
　　오늘날의 과제는 사회 복지를 증진시키는 일이다.
　▷ challenge the world record 세계 기록에 도전하다

❺ I am sure that you will find them quite stimulating. 확신하기는 그것들(도전)이 매우 재미있을 것이라는 것을 알게 될 겁니다.
　▶ 'stimulate'는 '자극(고무)하다, 격려하다'의 뜻의 동사형인데 여기에서 'stimulating'은 '자극(고무)적인, 격려가 되는' 형용사가 됨.
　　▷ Praise stimulates students to work hard.
　　　칭찬은 학생들이 열심히 공부할 수 있도록 고무시킨다.
　　▷ I find swimming the most stimulating form of exercise.
　　　나는 수영이 가장 자극적인 운동 형태라고 생각한다.
　　▷ We had the most stimulating conversation.
　　　우리는 가장 고무적인 대화를 나누었다.
　▶ find + 목 + 목.보
　　▷ find the food delicious
　　　음식이 맛있다고 알게 되다
　　▷ find English interesting
　　　영어가 재미있다고 알게 되다

❻ Why don't we have a talk over coffee in the lounge.
　우리 라운지에서 커피 마시며 이야기할까요?
　▶ have a talk → 이야기 하다, 의견을 나누다
　▶ have a personal talk → 개인적인 의견을 이야기하다
　▶ 여기에서는 over가 '~을 먹으면서, ~을 마시면서'의 의미로 쓰여져 'talk over coffee'는 '커피를 마시며 이야기하다'가 됨.
　　▷ Let's talk about it over lunch.
　　　점심 먹으면서 그 얘기를 해봅시다.
　　▷ How about talking over a cup of tea?
　　　차 한 잔 하면서 얘기하는 게 어때요?

❼ One of the major challenges is putting up a 3-minute TV advertisement~
　큰 도전 중에 하나는 3분짜리 TV광고를 제작하는 것입니다.

### Lesson 11  What do you think about~? [11주차]

▶ put up → (돛 따위)를 올리다, 세우다, (건축물 등을) 짓다(=construct),(제안, 논의 등) 을 내다
▶ 본문에서는 'advertisement'를 'put up'한다는 것이므로 '제작하다'의 뜻으로 해석.
  ▷ We put up the flags on national holidays.
    우리는 국경일에 국기를 게양합니다.
  ▷ They are putting up a new office block.
    그들은 새로운 사무실 건축물을 짓고 있다.

## Q  POP QUIZ I

**Q1** 다음 빈칸에 들어갈 말로 가장 적절한 것은 무엇인가요?

> It (     ) likely to rain.
> 비가 올 것 같다.

① happens
② stimulates
③ seems
④ thinks

《Hint》 seems → ~인 듯하다

**Q2** 다음 예문의 밑줄 친 'over'의 의미가 <u>다른</u> 하나는 무엇인가요?

① Let's have a talk over a cup of tea.
② Let's talk about it over lunch.
③ Let's discuss it over a bottle of beer.
④ Let's go over the wall to get out.

《Hint》 over가 '~을 먹으면서'의 뜻이 있는데 여기서는 '~을 넘어'라는 원래의 뜻을 찾으면 됨.

[정답] Pop Quiz I : 1. ③  2. ④

## E) Expression II

❽ Any ideas come to your mind? 어떤 아이디어가 생각 나십니까?
- ▶ = Can you think of anything?
- = Can you come up with anything?
- ▷ Well, nothing comes to mind. 아무것도 없어요.

❾ The purpose of the advertisement is to inform the public of the charity's goodwill?
광고의 목적은 대중에게 그 자선의 선한 뜻을 알리는데 있습니다.
- ▶ 'inform A of B'는 'A에게 B를 알리다'라는 뜻.
- ▶ 'the public'은 'the+형용사' → 보통 명사의 뜻으로 '대중'이라고 해석.
  - ▷ We will inform you of our products.
    우리의 새 상품에 대해 알려 드리겠습니다.
  - ▷ He informed me of the news.
    그가 나에게 그 소식을 알려줬다.

❿ I am a bit confused. 나는 약간 혼동이 됩니다.
- ▶ 'confuse'는 '~을 혼란시키다, ~을 혼동케 하다'의 뜻이기에 여기에서 수동태 꼴
- ▶ be confused → 혼동을 느끼다, 어찌할 바를 모르다
  - ▷ Are you confused yet?
    너 아직도 헷갈리니?
  - ▷ I was confused by her sudden anger.
    그녀가 갑자기 화를 내는 바람에 혼동을 느꼈다.
  - ▷ The story is confusing.
    = I am confused by the story.
  - ▷ The game is exciting.
    = I am excited by the game.

⓫ Do you mean that~? ~라는 의미인가요?
- ▶ 상대방이 한 말을 몰라 교착상태에 빠지려 할 때 상대방의 의중을 명확하게 물을 때 쓰임.
  - A: He is going to America soon. 그는 곧 미국에 갑니다.
  - B: For what? 왜요?
  - A: He will study there. 거기서 공부할 거예요.

B: Do you mean that he got a scholarship? We all know that he can't study without it. (그가 장학금을 받았다는 의미인가요? 그는 장학금 없이는 공부할 수 없다는 것을 우리가 알거든요.)

⑫ What I'm saying is ~ 내가 말하려고 하는 것은~이다.
- ▶ 여기에서 'What'은 '무엇'의 의문사가 아니라 '~하는 바(것)'의 관계대명사로 쓰였음.
  = What I'm trying to say is ~ = My point is ~
  - ▷ My point is he helped her.
    내가 말하려는 것은 그가 그녀를 도왔다는 사실이다.
  - ▷ That's not what I am trying to say.
    그것은 내가 말하고자 한 것이 아니다.

⑬ The children in need 도움이 필요로 되는 어린이들
- ▶ people in need 도움이 필요로 되는 사람들
- ▶ in need 어려움에 처한
  - ▷ A friend in need is a friend indeed. 어려울 때 친구가 진짜 친구이다.

⑭ We need to let the public know 대중으로 하여금 알도록 하게 할 필요가 있습니다.
- ▶ 'let + 목적어 + 동사원형' 구문은 '~에게 ~하게 하다'로 해석하는데 원래 'let'에는 '~하는 것을 허락하다'는 뜻이 있음.
- ▶ the public → 대중
  - ▷ I'll let you know later as soon as I get the information.
    정보를 얻는 즉시 후에 알려줄게요.
  - ▷ Let me see. 어디 봅시다.
  - ▷ Let me go. 가게 해 주세요.
  - ▷ Let me know what to do. 무엇을 해야 할지 가르쳐 주세요.

⑮ I know you are tired due to the jet lag. 시차로 인하여 피곤하다는 것을 압니다.
- ▶ jet lag → 시차로 인한 피로
- ▶ due to → ~에 기인하는, ~ 때문에 = because of
- ▶ I sneeze a lot due to my cold. 감기 때문에 재채기가 많이 납니다.

⓰ be prepared to ~ ~하는 것을 준비하다
  ▶ You need to be prepared to take the exam.
    너는 시험 볼 것을 준비할 필요가 있다.

⓱ No way! 말도 안돼요. = Not at all.
  ▶ '절대로 안 된다, 싫다'라는 강한 부정을 표현할 때 일상회화에서 유용하게 쓰임.
    A: Will you take my English test for me?
      내 대신 영어 시험 좀 쳐줄래?
    B: No way!
      말도 안 되는 소리 마!

⓲ I'm tone deaf. 저는 음치입니다.
  ▶ tone → 음조, 음의 높낮이
  ▶ deaf → 귀가 먼

⓳ take care of ~ ~을 돌보다
  ▶ Parents take care of their children. 부모는 어린이를 돌봅니다.
  ▶ Please take good care of the dog while we are away.
    우리가 멀리 있을 때 개를 잘 보살펴 주세요.

Lesson 11  What do you think about~? [11주차]

## Q POP QUIZ II

**Q1** 빈칸에 들어갈 가장 적절한 전치사를 고르세요.

> He informed me (     ) the news.

① for        ② of        ③ to        ④ on

≪Hint≫ inform A of B → A에게 B를 알리다

**Q2** 다음 중 어법에 맞지 <u>않는</u> 것을 고르세요.

① I was exciting the game.
② The story was confusing.
③ The World Cup games were exciting.
④ I was confused by the story.

≪Hint≫ confuse, excite 모두 '~하게 하다'의 꼴이므로, 당하는 입장에 있는 사람이 주어로 올 경우엔 통상 과거분사 꼴이 옴. 즉, I am confused. I am excited.

## E Exercise I

**1** '이 음식이 맛있다는 것을 알게 될 겁니다'에 맞는 의미가 되도록 빈칸에 들어갈 적당한 단어를 찾아 순서대로 넣으세요.

> find,    delicious,    you,    the food,    will

I am sure that (     ) (     ) (     ) (     ) (     ).

≪Hint≫ find + 목적어 + 형용사(목적보어)

정답 | Pop Quiz II: 1. ② 2. ①
Exercise I: 1. you will find the food delicious.

**2** '떠오르는 아이디어 없어요?'의 의미가 되도록 적당한 단어를 찾아 순서대로 넣으세요.

> your,　　to,　　come,　　mind

Any ideas (　　) (　　) (　　) (　　)?

≪Hint≫ '아이디어가 마음에 오다'의 뜻이 되도록 순서를 정함. 평서문으로서 뒤를 올려 의문문으로.

**3** '그가 나에게 그 소식을 알려 주었습니다.'의 의미가 되도록 빈칸에 들어갈 적당한 단어를 찾아 순서대로 넣으세요.

> of,　　the news,　　informed,　　me

He (　　) (　　) (　　) (　　).

≪Hint≫ inform A of B → A에게 B를 알려주다

**4** '제가 그 정보를 알려 드릴게요.'의 의미가 되도록 이번에는 'let'을 사용하는 것으로 빈칸에 적당한 단어를 찾아 순서대로 넣으세요.

> let,　　know,　　the information,　　you

I will (　　) (　　) (　　) (　　)

≪Hint≫ let + 목적어 + 동사

**5** '시차 때문에 당신이 피곤하다는 것을 알고 있습니다.' 의미가 되도록 아래 적당한 단어를 찾아 빈칸에 순서대로 넣으세요.

> the jet lag,　　to,　　are,　　tired,　　you,　　due

I know (　　) (　　) (　　) (　　) (　　) (　　)

≪Hint≫ due to ~ → ~ 때문에

**정답** Exercise I : 2. come to your mind　　3. informed me of the news
4. let you know the information　　5. I know you are tired due to the jet lag

# Lesson 11  What do you think about~? [11주차]

## E) Exercise II

**1**  그 계획에 대해서 어떻게 생각하십니까?

_____

≪Hint≫ think about을 사용하여

**2**  커피마시면서 우리 이야기를 나누지요.

_____

≪Hint≫ over ~을 마시면서, 가벼운 제안은 Why don't ~?

**3**  제가 말하려는 요점은요, 그는 정직하다는 겁니다.

_____

≪Hint≫ What I'm ~ ...

**4**  그 이야기는 헷갈립니다.

_____

≪Hint≫ 'confuse' 동사의 꼴을 적절히 변화시켜서 쓰세요.

**5**  Coffee Break에서 보시듯 '장애인'에 대한 명칭이 바뀌고 있습니다. '신체적으로 도전을 받고 있는 분들'이란 의미로 (    )에 무엇이 들어갈지 써 보세요.

> the disabled → the handicapped → the physically (            )

≪Hint≫ challenge → 도전하다

---

**정답**  Exercise II:  1. What do you think about the plan?   2. Why don't we have a talk over coffee?
3. What I'm saying is (that) he is honest. 혹은 My point is (that) he is honest.
4. I'm confused by the story. 혹은 The story is confusing (me).  5. challenged

Happy English I | 이길영 교수

# Bonus

비행중에 간간이 기장이 비행상태를 알려줍니다. 어떤 말들이 있을까요?

**(Captain)**

Hello everyone, this is your captain speaking.

I'd like to inform you at this time that our flight is running about one hour behind schedule. We've run into a bit of turbulence.

We'll try changing our altitude to look for some friendly winds.

Until we do, however, we ask you to keep your seatbelt fastened.

Because of the flight delays our estimated time of arrival at New York's JFK International Airport is 9:00 a.m.

We'll keep you informed of any further changes. Thank you.

**(기장)**

여러분 안녕하세요? 기장입니다.

비행은 지금 스케줄보다 약 1시간 지연되고 있음을 알려드립니다.

약간의 난기류를 만났습니다. 우리는 순탄한 바람을 찾기 위하여 고도를 바꿀 예정입니다. 그러나 그렇게 할 때까지는 좌석안전벨트를 계속 매 주시기 바랍니다. 지연된 시간으로 인해 뉴욕의 JFK 국제공항에 도착 예정시간은 아침 9시입니다.

새로 변경이 되면 또 알려 드리겠습니다. 감사합니다.

Lesson 11  What do you think about~? [11주차]

❖ 비행 중간 중간에 기장은 비행 상태를 이야기해 줍니다. 이때 잘 나오는 말이 turbulence(난기류)입니다. 난기류를 만나면 비행기가 흔들리고 불안정해집니다. 심지어는 고도(altitude)가 갑자기 뚝 떨어지는 경험을 하기도 합니다. 그럴 때마다 기장은 안전벨트를 매라고 방송을 하지요.

❖ schedule(스케쥴)이란 단어도 잘 나옵니다. behind schedule (예정보다 늦게) 이란 표현 알아두세요.

❖ estimate는 '계산된, 추측된'의 의미이기에 estimated time of arrival은 도착이 추측되는 시간, 즉 '도착예정시간'입니다.

## Crossroads

### Konglish

English와 Korean이 합해진 것을 Konglish라고 부릅니다. 즉, 한국식 영어이며, 원어민이 이해하지 못하는 영어입니다. 우리가 평소 무의식적으로 사용하는 콩글리시를 알아보겠습니다.

| Konglish | English |
| --- | --- |
| hand phone | cell phone/mobile |
| vinyl bag | plastic bag |
| Korean team fighting | Go, Korea! |
| arbeit | part-time job |
| running | undershirt |
| ball pen | ballpoint pen |
| eye shopping | window shopping |
| 프림 | cream |

## Wrap-up

### 1. What do you think about it?

- 상대방의 의견을 물어보기
- What do you think about studying Chinese?

### 2. What I'm saying is~

- 부연해서 설명하기
- What I am saying is you did a great job.

### 3. No way!

- 강하게 부정하기

# LESSON 12

# How R U?

---

## Introduction

### 말하기 포인트

컴퓨터 은어를 이해하기
패스트푸드점에서 음식 주문하기

### 유용한 표현

How r u?
It's b4 the gallery, rite?
I'd like a cup of cappuccino with non-fat milk, please.

## Warm-Up

### B) Brainstorming 1-1

> A: How may I help you?
> B: Yes, I'd like to have a hamburger and an orange juice, please.
> A: OK. Is that all?
> B: Yup.
> A: Is that for here or to go?
> B: That's for here.
> A: All right. Four dollars and fifty cents.

A: Where are they?

B: They are at _____.

① a clinic         ② a bus stop
③ a school         ④ a fast-food restaurant

### B) Brainstorming 1-2

패스트푸드점에서 쓰일 수 있는 대화를 모두 ☑ 하세요.

- May I help you?
- To go, please.
- Fill her up, please.
- How much is it?
- Do you have anything to declare?

정답  Brainstorming 1-1: ④
Brainstorming 1-2: May I help you?, To go, please., How much is it?

## B) Brainstorming 2

자, 또 하나를 한 번, 생각해 봅시다.

> A: I think it's a great idea.
> B: Me2.

원래 'Me, too'이지만 약어로 인터넷에서 위와 같이 'Me2'라고 쓰는 경우가 있습니다.

그러면 다음은 컴퓨터 약어로 어떻게 쓸 수 있는지 생각해 봅시다.

- See you in Seoul  — (　　　in Seoul)
- Friends forever  — (Friends　　)
- I don't know why  — (I don't know　)

정답 | Brainstorming 2: C U, 4ever, y

## D ⟩ Dialogue

▶▶ **The following is Sunmi and Minho chatting through the computer**

**Minho**  Wuts up? Sunmi?

**Sunmi**  Hey Minho. Not much. Oh, thanx for the flowers u sent on ma birthday! They were wonderful.

**Minho**  Oh, it was just a small thing. I'm glad u liked them. How r u?

**Sunmi**  Great. Just surfin the net for new releases of movies, n u?

**Minho**  Wut a coincidence!? I was just surfin for new movie previews. A lot of new movies will be released this weekend.

**Sunmi**  Wut kind?

**Minho**  Comedy, romance, science-fiction, drama n action. Wut kinds of movie do u like Sunmi?

**Sunmi**  Action, cuz it's stress-free.

**Minho**  LOL. Yeah, me2. How about we catch a movie this Saturday at the mall?

**Sunmi**  Sounds great! Let's meet up at the coffee shop, Roasted Beans. U know where it is?

**Minho**  Yup. It's b4 Hwarang gallery, rite?

**Sunmi**  Okie. Meet me there at 3 p.m.

**Minho**  C u.

**Sunmi**  Laterz.

## 해 석

▶▶▶ 다음은 선미와 민호가 컴퓨터로 채팅을 하는 장면입니다.
한국어도 인터넷 채팅용어처럼 썼습니다.

| | |
|---|---|
| 민호 | 선미, 머해염?? |
| 선미 | 엉 민호. 암것두 안 해여. 아 생일날 보내준 꽃 넘 고마워! 진짜 이쁘던데여. |
| 민호 | 아, 별거 아니었는뎅. 조아했다니 다행이당. 어뜨케 지내여? |
| 선미 | 응, 잘 지내여. 지금 새로 나온 영화 있나 서핑 중이어써여, 민호씨는여? |
| 민호 | 우와 나두!? 시사회 하는거 있나 찾아보구 이써써요. 이번 주말에 개봉할 영화 되게 많네염. |
| 선미 | 그래여? 어떤거여? |
| 민호 | 코메디, 로맨틱, 에스에프, 드라마, 글구 액션. 선미씬 어떤 영화 조아해여? |
| 선미 | 난 액션. 왜냠 스트레스를 풀어주거든여. |
| 민호 | ㅎㅎㅎ. 마저, 나두. 우리 토욜 영화나 한편 볼래여? |
| 선미 | 좋지! 로스티드 빈즈 커피숍에서 만나져, 어딘지 알져? |
| 민호 | 그래여. 화랑 갤러리 앞, 마쪄? |
| 선미 | 응. 3시에 만나여. |
| 민호 | 그 때 바여. |
| 선미 | 나중에 바여. |

▶▶▶ **Now it is Saturday and the two of them are at the coffee shop, Roasted Beans.**

**Minho**  Hello Sunmi. On the way I checked the movies. There is a new movie called 'Double Dragon' with Jackie Chan. It is about spying and double crossing agents. It is sort of like a James Bond movie.
**Sunmi**  Hey, sounds wonderful! Let's see that.
**Minho**  OK. I will reserve tickets for 4:10 p.m. In the mean time, let's grab a bite.
**Sunmi**  Yeah, that's a good idea. I'll have some snacks with coffee. Minho, I'll get yours. What do you want?
**Minho**  Some cookies and a large cup of coffee will do. Thanks, Sunmi.
**Sunmi**  No problem.

### 해 석

▶▶▶ **토요일. 민호와 선미가 로스티드 빈즈 커피숍에서 만나 이야기하는 장면.**

**민호**  선미씨 안녕. 오는 길에 영화 확인해봤는데, '더블 드래곤'이라는 영화가 새로 나왔어요. 성룡 나오는 영화예요. 스파이랑 이중간첩 내용인데요, 007 영화 같은 거지요.
**선미**  그래요? 좋을 것 같은데요! 그것 보죠.
**민호**  알았어요. 4시 10분표로 예매할게요. 그동안 뭐라도 좀 먹지요.
**선미**  그래요, 좋은 생각이에요. 난 스낵이랑 커피 먹을래요. 내가 민호씨 것 가져올게요. 뭐 드실래요?
**민호**  쿠키랑 커피 큰 거 하나면 되겠는데요. 선미, 고마워요.
**선미**  별것도 아닌데요, 뭘.

# Lesson 12  How R U? [12주차]

▶▶ **Minho is leaving to reserve tickets and Sunmi is ordering**

**Clerk**   How may I help you?

**Sunmi**   I'd like to get a large cup of coffee and some cookies.

**Clerk**   Okay. A large cup of coffee. What kind of cookies would you like? We have oatmeal, chocolate chip and macadamia nut.

**Sunmi**   Two oatmeal and two chocolate chip cookies, please.

**Clerk**   Sure, anything else?

**Sunmi**   Well, I'd also like a large cappuccino with non-fat milk and no cinnamon on top, please.

**Clerk**   Sure. Is that all?

**Sunmi**   Yes, that's it.

**Clerk**   Okay, your order is a large coffee, a large cappuccino with non-fat milk minus cinnamon on top, two chocolate chip and two oatmeal cookies. And the total comes to fourteen dollars and seventy five cents. Are these for here or to go?

**Sunmi**   That's for here.

**Clerk**   All right. Your order number is twenty five and I will call out your number when the order is ready. Thank you for ordering.

**Sunmi**   All right. Thank you.

### 해석

▶▶ **민호는 표를 예매하러 가고, 선미는 주문을 한다**

점원  어떻게 도와드릴까요?
선미  커피 큰 거하고, 쿠키 주세요.
점원  알겠습니다. 커피 큰 거요. 쿠키는 어떤 것으로 드릴까요? 오트밀, 초콜릿 칩, 그리고 마케도니아 넛이 있습니다.
선미  오트밀 두 개, 초콜릿 칩 두 개 주세요.
점원  알겠습니다. 다른 것은 필요 없으시고요?
선미  카푸치노 큰 거 하나 주세요, 우유는 탈지우유(지방이 없는)로 해주시고, 위에 시나몬은 얹지 말아주세요.
점원  네. 전부입니까?
선미  네, 그게 전부에요.
점원  확인해드리겠습니다. 커피 큰 거 하나, 탈지우유에 시나몬 없이 카푸치노 하나, 초콜릿 칩 쿠키 두 개, 그리고 오트밀 쿠키 두 개 주문하셨습니다. 전부 14달러 75센트가 되겠습니다. 여기서 드실 건가요 아니면 포장하실 건가요?
선미  여기서 먹을 겁니다.
점원  예, 알겠습니다. 주문번호는 25번이고요, 다 준비되면 번호를 불러드리겠습니다. 주문해주셔서 감사합니다.
선미  네, 감사합니다.

Lesson 12 How R U? [12주차]

## C. Comprehension

1. 대화 내용과 맞는 것은 어느 것입니까?

   ① Minho is an actor and his role is James Bond.
   ② Sunmi and Minho are going to see a movie.
   ③ Sunmi and Minho are making cookies.
   ④ Sunmi is receiving an order from a lady.

2. 선미와 민호가 보기로 한 영화의 종류는?

   ① Romance
   ② War
   ③ Science
   ④ Action

정답  Comprehension: 1. ②  2. ④

# Coffee Break

## 'arvo' = afternoon의 호주 식 표현

호주에 갔다 온 분으로부터 전해들은 이야기입니다.
캠퍼스 내 같은 guest house에서 사는 그분의 호주 친구와 함께 아침을
맛있게 먹고 각자 기숙사를 나서는 참이었습니다. 친구가 마침 오늘 점심시간에 일정이 비어 있다면서 점심을 먹자고 했답니다. 흔쾌히 응한 그 분은 그럼 1시에 도서관 앞에서 보자고 했지요. 그러자 그 친구는 그러자며 급하게 나가면서 "Then, see you in the arvo."라며 기숙사를 나섰답니다. 그 분은 순간 당황했답니다. "arvo?" 처음 듣는 말이었으니까요...

그래서 마침 옆에 앉아 신문을 보고 있는 한 호주인에게 물어보았더니 웃으면서 arvo는 afternoon의 호주식 축약어라고 설명해주었답니다. 호주에서도 특히 젊은이들 사이에 단어나 말을 축약하는 것을 무척 좋아한다고 들었습니다. 그래서 친한 사람들끼리 대화를 할 때 종종 university 대신 uni(유니), afternoon 대신 arvo(아~보), 등등의 단어를 즐겨 사용합니다. 이는 미국인들도 처음에는 호주에 가서 이러한 '특수용어(?)' 때문에 많이 고생했다고 하는데요. 이러한 호주영어를 일명 'Aussie English'라고 합니다.

호주는 발음에 있어서도 'a' 발음을 '아이'로 종종 발음합니다. 'Monday'를 '몬다이'로, 'maintain'을 '마인타인'으로 종종 발음하지요...

같은 영어인데도 각 나라만의 고유한 언어문화 및 고유한 발음이 있다는 게 참 재미있습니다.

## Main Study

### E  Expression I

**❶ Wuts up? 'What's up?'의 인터넷 은어**

우리나라에서도 채팅용 축약어가 있듯이 영어에도 인터넷상에서 채팅을 할 때 자주 사용하는 축약어가 있음. 그리고 우리와 마찬가지로 발음대로 표기 하며, 특히 회화에서 친근한 젊은이들 사이에 자주 사용. 여기서 'Wuts up?'은 'What's up?'의 인터넷 은어로 의미는 '어떻게 지내?' "뭐하고 지내?" 등의 친근한 사이의 인사.
대답으로는 보통 "Not much."로 하는데 의미는 "특별한 일 없어"입니다.

어떤 이들은 농담으로 'What's up?'이 '위에 무엇이 있는가?'로 문자적으로 해석하여 'the sky', 'the sun', 'the moon' 심지어는 'the ceiling(천정)' 등으로 이야기하기도 함.

▶ 본문에 나온 표현을 한 번 살펴보도록 합시다.
  ▷ Wut sup? → What's up? (뭐 해? / 무슨 일이야?)
  ▷ thanx → thanks = thank you 고마워
  ▷ ma birthday → my birthday 나의 생일
  ▷ u → you 너
  ▷ How r u? → how are you? 어떻게 지내?
  ▷ surfin on the net → surfing on the net 인터넷 서핑
  ▷ n u? → and you? 너는?
  ▷ wut kind? → what kind? 어떤 종류?
  ▷ lol → laugh out loud (크게 웃는다)의 약자
  ▷ me2 → me too 나도
  ▷ yup → yes 응
  ▷ rite? → right? 그렇지?
  ▷ c u → see you 다음에 봐
  ▷ laterz → see you later 나중에 봐

**❷ It was just a small thing. 작은 건데요, 뭐.**
  ▶ 선물을 줄 때 의례적으로 하는 인사.
    ▷ It was just a small one.
      그건 작은 선물일 뿐이야.

❸ I'm glad that u liked them. 좋아하신다니 다행입니다.
  ▶ 이것도 역시 잘 쓰는 말. 실제로 써 보세요.
    A: Thank you for your effort on this.
       It was a great help to me. Here is a small gift for you.
    B: Oh, you don't have to.
    A: Please... it is a hat for you. I hope you like it. I like it.
    B: Wow... it is wonderful. Thank you.
    A: I'm glad that you like it.'

❹ Just surfin the net for new release of movie, n u?
  새로이 출시된 영화 있나 인터넷 검색 중이에요, 당신은요?
  ▶ surfin = surfing
  ▶ release 방출, 발매, 출시

❺ Wut a coincidence! 이 무슨 우연이람!
  ▶ 감탄문으로 쓰임. What a coincidence it is!
    A: You know what? I was about to call you.
    B: Oh, what a coincidence! I was also going to call you.

❻ A lot of new movies will be released this weekend.
  이번 주말에 개봉할 영화가 많아요.
  ▶ 영화에 대한 이야기를 할 때, release는 "개봉(하다)" 또는 "출시(하다)"의 명사, 동사형 모두 가능.

❼ Action, cuz it's stress-free. 액션영화이지요, 왜냐하면 스트레스를 풀 수 있잖아요.
  ▶ cuz → because의 은어
  ▶ stress-free → 스트레스가 없는
  ▶ '~ -free'라 하면, 복합어를 이루어 '-가 없다', '무-'를 뜻함.
    ▷ sugar-free      무설탕의
    ▷ caffeine-free   카페인이 없는
    ▷ fat-free        지방이 없는
    ▷ care-free       염려가 없는

❽ 통신은어
- ▶ LOL = Laugh out loud
- ▶ me2 = me too
- ▶ b4 → before
- ▶ rite? → right?
- ▶ cu → see you
- ▶ Okie → OK
- ▶ Laterz → see you later

❾ How about we catch a movie this Saturday at the mall?
영화나 한 편 보러 가는 거 어때요?
- ▶ How about ~? → 제안을 나타냄
    - ▷ 영화를 '보러가다'라는 의미로 쓰이는 'catch' a movie는 회화에서 자주 쓰이는 표현
      catch a movie = go to see a movie (영화를 보러가다)

❿ It's about spying and double-crossing agents.
간첩과 이중간첩에 관한 내용입니다.
- ▶ It's about ~ → ~에 관한 것입니다
- ▶ spying → 간첩행위
- ▶ double-crossing → 배반하는
- ▶ agent → 첩보원, 간첩
    - ▷ 그러므로 double-crossing agent란 '배반하는 간첩', 즉 '이중간첩'을 의미합니다.

## Q POP QUIZ I

**Q1** 다음의 통신은어 중 옳게 이해한 것은?

① Wut sup? → What soup?
② ma birthday → mom's birthday
③ n u? → no you?
④ c u → see you

≪Hint≫ 소리 나는 대로 쓴 것에 주목.

**Q2** 다음 free의 의미가 셋과 <u>다른</u> 하나는?

① This is a sugar-free drink.
② The people were finally freed.
③ Watching movies is a stress-free activity.
④ I want to live in a care-free world.

≪Hint≫ free는 무료 또는 자유로움을 뜻합니다.
be freed : 자유로워지다, 풀려나다

정답 Pop Quiz I : 1. ④  2. ②

# E) Expression II

**⓫** It is sort of like a James Bond movie. 제임스본드 영화 같습니다.
- ▶ sort of = kind of → ~와 같은 것
- ▶ 구어체에 습관적으로 자주 쓰임.

**⓬** I'll reserve the ticket for 4:10 p.m. 4시 10분 표로 예약할게요.
- ▶ reserve → 예약하다
- ▶ reserve a ticket   극장에서
- ▶ reserve a table   식당에서
- ▶ reserve a room   호텔에서
- ▶ reserve a seat   버스/비행기, 혹은 극장에서

**⓭** In the mean time, let's grab a bite. 그동안 뭐라도 먹읍시다.
- ▶ In the mean time → 그러는 동안, 한편
- ▶ grab → ~를 손으로 잡다/움켜잡다
- ▶ grab a bite → 뭐라도 먹다 (구어체) = go somewhere to eat (어딘가 가서 먹다)
- ▶ bite는 "한 입"이라는 명사로 먹을 것을 의미
    - ▷ grab a taxi
      택시를 서둘러 잡다
    - ▷ grab a quick shower
      서둘러 샤워를 하다

**⓮** I'll get yours. 당신의 것을 가지고 올게요.
- ▶ get → '~을 얻다', '~을 획득하다' 여기서는 '(물건 등을)가져오다', '갖다 주다'
    - ▷ I'll get some coffee for you. = I'll get you some coffee.
    - ▷ Can you get me a cup of coffee, please? 커피 한잔 주시겠어요?
      A: Shall I get you some coffee? 커피 좀 갖다 드릴까요?
      B: Yes, please. 네, 주세요.

⓯ Cappuccino with nonfat milk and no cinnamon on top.
탈지유 넣은 카푸치노인데요, 위에 시나몬 얹어주지 마세요.
   ▶ nonfat → 지방이 없다는 뜻으로 '탈지'
     기호에 따라 카푸치노 위에 시나몬(계피)를 얹을 수 있는데, 본문의 경우 맨 위에 시나몬을 얹어주지 말라고 함.
   ▶ 주문한 선미는 'no cinnamon'이라고 표현하였으며, 주문받은 점원은 확인 시 'minus cinnamon'이라고 하였음. 둘 다 동일한 의미.
     ▷ Two coffees, A large cappuccino → 모두 엄밀히 문법적으로 틀리나 (Two cups of coffee, A large cup of cappuccino 해야 함) 실제적으로 잘 쓰임.

⓰ The total comes to $14.75. 전부 14달러 75센트가 되겠습니다.
   ▶ comes to → ~가 되겠습니다
     = comes down to (결국은 ~입니다)
     ▷ 'the total comes to' 대신에 'the total is'라고 해도 무관.

⓱ For here or to go? 여기서 드시겠어요, 아니면 포장하실 겁니까?
   ▶ "For here or to go?"는 전형적인 음식점에서 받는 질문으로, 알아두면 좋은 표현. 특히 맥도날드와 같은 패스트 푸드점에서 흔히 들을 수 있습니다.

⓲ I will call out your number. 번호를 불러드리겠습니다.
   ▶ call out → (크게) 부르다
   ▶ call out과 call은 구별해야 합니다. call out은 "밖(out)"으로 크게 들리게 부르는 것이고, call은 '~에게 전화를 거는 것', '~라고 부르다'
     ▷ I'll call out your name when it is your turn.
       당신 차례가 되면 이름을 불러드리겠습니다.
     ▷ Did you call me last night?
       어젯밤에 전화하셨나요?
     ▷ What should I call you?
       당신을 뭐라 불러야 좋을까요?

# Lesson 12 How R U? [12주차]

## Q POP QUIZ II

**Q1** 다음 해당 각 장소에서 <u>reserve</u>가 알맞게 쓰인 것은?

① Restaurant: I'd like to <u>reserve</u> a double room for three nights.
② Hospital: I'd like to <u>reserve</u> five tickets for tonight's concert, please.
③ Cinema: I'll <u>reserve</u> two tickets for the 8 o'clock movie.
④ Airplane: I'd like to <u>reserve</u> a corner table at 6:00 p.m, tonight.

≪Hint≫ 장소에 따른 적절한 예약 상황을 찾으세요.

**Q2** 'Get'의 여러 형태 중, '~을 가져다주다'의 의미로 쓰인 것은?

① I don't get the joke.
② It is getting warmer.
③ He will get the prize.
④ Get me a cup of tea, please.

≪Hint≫ get은 여러 의미가 있음. 1번: 이해하다, 2번: ~이 되다, 3번: 얻다

정답  Pop Quiz II: 1. ③  2. ④

### E › Exercise I

A가 한 말에 대한 B의 대답으로 가장 자연스럽게 나오는 것은 무엇인지 보기를 보고 아래 줄친 곳을 채워보세요.

> For here.   Sounds great.   Not much.   Yes, that's it.   It's just a small thing.

1  **A**: What's up?
   **B**: _____
   ≪Hint≫ 관용적인 표현을 고르세요.

2  **A**: The gift was terrific. Thank you.
   **B**: _____
   ≪Hint≫ 고맙다는 말에 겸손한 표현으로 응대하는 말을 고르세요.

3  **A**: Is that for here or to go?
   **B**: _____
   ≪Hint≫ 패스트푸드점에서 관용적으로 쓰이는 말

4  **A**: Is that all?
   **B**: _____
   ≪Hint≫ '예, 바로 그것입니다'의 표현을 고르세요.

5  **A**: How about we catch a movie this Friday night?
   **B**: _____
   ≪Hint≫ '좋은 생각입니다'의 표현을 고르세요.

---

정답 | Exercise I :  1. Not much.        2. It's just a small thing.
                    3. For here.         4. Yes, that's it.         5. Sounds great.

# E) Exercise II

**1** 지난 주에 여러 영화가 개봉되었다.

_____

≪Hint≫ 개봉되다 'be released'

**2** 그 영화는 스트레스가 없어요.

_____

≪Hint≫ stress-free

**3** 뭐라도 먹읍시다.

Let's grab _____.

≪Hint≫ grab a bite → 뭐라도 먹다

**4** 당신에게 커피를 갖다 드릴게요.

I'll _____.

≪Hint≫ get 동사를 이용하여.

**5** 번호를 불러 드릴게요 (패스트푸드점의 종업원이).

_____

≪Hint≫ 부르다: call out

---

정답 Exercise II: 1. A lot of movies were released last week.
2. The movie is stress-free.
3. a bite
4. get you some coffee (혹은 get some coffee to you)
5. I'll call out your number.

# Bonus

자, 이제 목적지가 가까이 오고 있습니다. 기장의 안내방송입니다.

**(Captain)** : Ladies and Gentlemen, this is your captain speaking.
We are now at an altitude of 3000 feet and will be landing at JFK International Airport in about 10 minutes. The local time is 8:50 a.m. now and the temperature is just over a warm 15 degrees Celsius, 60 degrees Fahrenheit. You can expect to see clear skies during the day with a few showers in the afternoon. Whether New York is your final destination or not, you need to go through the immigration office at JFK and submit your arrival card. Please remain seated with your seat belts fastened until the seat belt sign is off.
On behalf of United Airlines and the crew, I would like to thank you for flying with us, and wish you a pleasant stay in New York or at your final destination. We hope you will fly with us again.
Now please sit back and enjoy the flight.

**(기장)** : 안녕하십니까, 기장입니다.
현재 고도는 3000 피트이며 10분 후 JFK 국제공항에 착륙하겠습니다.
현지 시간은 오전 8시 50분이며 기온은 섭씨15도, 화씨로 60도가 웃도는 따뜻한 날씨입니다.
오전에는 맑은 날씨가 예상되며 오후에는 몇 차례 비가 올 것으로 예상됩니다. 뉴욕이 여러분의 최종 목적지이든 아니든 여러분은 입국심사대를 통과하시고 입국카드를 제출하셔야 합니다.
이제 안전벨트 불이 꺼질 때까지 안전벨트를 착용한 채로 앉아 계십시오.
유나이티드 항공을 이용해주셔서 대단히 감사합니다. 뉴욕에서 혹은 마지막 목적지에서 즐거운 시간을 보내시기 바라며 다음 비행에도 저희와 함께 해주시면 감사하겠습니다.
편히 앉으시고 즐거운 여행 되십시오.

---

기장의 안내방송은 도착 전 반드시 하게 되는데 이 때는 앞으로 몇 분 후 도착할지, 도착지의 현재 시간, 도착지의 날씨, 본 항공회사를 이용해서 감사하다는 내용 등등이 주류를 이룹니다.

❖ local time 현지시간

  local은 '국내, 현지'라는 뜻의 형용사입니다. 따라서 local time이란 '현지시간'을 말하지요. "The local time is ~" (현지시간은 ~시입니다.)

  cf clear skies 맑은 날씨

   '맑은 날씨'을 표현할 때 주로 clear skies라고 합니다.
   (clear weather도 틀린 표현은 아니나 clear skies가 더 보편적인 표현입니다.)

❖ final destination 최종 목적지

  destination은 목적지라는 뜻입니다. 뉴욕이 최종목적지인 승객과 뉴욕에서 다른 도시로 가는 비행기로 갈아타는 승객(통상 transit passengers이라고 함)도 있을 수 있는데 그 통과여객에 있어서는 뉴욕이 아닌 그 최종에 도착할 그 도시가 최종목적지가 됩니다.

❖ please remain seated 앉은 채로 계세요

  with seat belts fastened 안전벨트를 착용한 채로 sign is off 신호가 꺼지다
  remain은 '남다'라는 뜻입니다. 따라서 'please remain seated'는 그대로 해석하면 '앉은 채로 남아계십시오'인데, 이는 please be seated와 동일하게 사용되는 표현으로, please sit 보다 격식을 갖춘 표현입니다. (please sit은 '앉으세요'로 해석할 수 있습니다.)

❖ on behalf of the crew 저희 승무원을 대표하여

  역시 마지막 인사에 자주 등장하는 표현으로, 'on behalf of'는 '~를 대표하여'라는 뜻입니

다. "On behalf of the crew, I would like to thank you for flying UA..." 또한 그냥 thank you보다는 I would like to thank you가 더 겸손한 표현입니다.

❖ sit back (의자에 깊숙이 앉으세요) 편히 앉으세요.
아주 잘 나오는 표현입니다. 'sit back and relax' 이렇게 통상 쓰입니다.
강의를 들을 때 강사가 '편히 앉아 강의를 즐기라'라는 의미로 종종 쓰입니다.

## Crossroads
### 문구 관련 Konglish

우리가 늘 사용하는 문구류에도 정확한 영어가 아닌 콩글리시가 많이 쓰이고 있는데요. 문구 관련 콩글리시를 알아보겠습니다.

| | | |
|---|---|---|
| sharp (샤프) | - | mechanical pencil |
| white (화이트) | - | white-out |
| sign pen (싸인펜) | - | felt-tip pen |
| hotchikiss (호치키스) | - | stapler |
| magic (매직) | - | marker |
| 형광펜 | - | highlighter |
| 스탠드 | - | desk lamp |

## Wrap-up

### 1. How r u?

- How are you?의 통신 은어

### 2. It's b4 the gallery, rite?

위 1번 외에도 다양한 표현들이 있음.
- b4 → before
- rite → right
- Thanx → Thanks
- Wuts up? → What's up?

### 3. I'd like a cup of cappuccino with non-fat milk, please.

실제로 구어체로 잘 쓰이는 표현은 꼭 문법적이지 않은 것도 많음.
- Two coffees, please.
- Two decaf coffees, please.
   (decaf - 카페인 없는 것)

# LESSON 13

# I insist

## Introduction

### 말하기 포인트
자신의 주장을 강하게 말하기
상대방의 말에 완곡한 부정의 뉘앙스로 표현

### 유용한 표현
I insist that ~
I'm afraid not.
The dinner is on me.

# Warm-Up

## B › Brainstorming 1

> A: What did you think about 'Finding Nemo'?
> B: It is a really interesting adventure.
> A: It is. I'm glad that Nemo was finally rescued.
> B: Me, too.
> A: Isn't it wonderful that Nemo's dad searched entire ocean to find him.
> B: Yeah. I came to think about what the word 'dad' really means.

1. What are they talking about?

   ① school work       ② story of movie
   ③ ocean             ④ husband and wife

2. 내용과 <u>다른</u> 것을 고르세요.

   ① Nemo was rescued
   ② Nemo's dad searched the sea.
   ③ This is an action movie.
   ④ This is like an interesting adventure.

## B › Brainstorming 2

다음 문장 가운데 자신의 의견에 있어 강도가 가장 큰 대로 순서를 정하면?

① I insist that you come here to see how the party goes on.
② If you don't mind, please come here to see how the party goes on.
③ I'd say that you come here to see how the party goes on.

정답  Brainstorming 1: 1. ②  2. ③
      Brainstorming 2: ①-③-②

## D  Dialogue

### ▶▶ After the movie

**Minho**  Did you like the movie?

**Sunmi**  It was great! Wow, it didn't seem like two hours long.

**Minho**  Yeah, I agree. It was thrilling to watch when Jackie Chan flew from the top of the 100- story building with a parachute. That looked quite exciting. How about you?

**Sunmi**  I liked the part where Jackie Chan kicked the bad guys with his martial arts at the very end of the fighting scene.

**Minho**  Wasn't it on the top of the skyscraper?

**Sunmi**  Yeah, and then he jumped, right? I'd say it was a really exciting adventure to watch his moves.

**Minho**  Yeah. I know what you mean. Well, I am glad that you enjoyed the movie.

**Sunmi**  Hey, let's go have dinner. Since you bought the movie tickets, the dinner is on me.

**Minho**  Oh, no, that's not necessary.

**Sunmi**  Oh, I insist. So next time, you buy me dinner and I'll get the tickets. How about that?

| Minho | Okay, then. |
| Sunmi | Anything in mind? |
| Minho | Umm, let's go to the Legal Seafood. They have some really fresh seafood. |
| Sunmi | Sounds good. Let's see if they have any seats. |

## 해석

### ▶▶ 영화를 본 후

| 민호 | 영화 괜찮았어요? |
| 선미 | 너무 좋았어요. 와, 두 시간이 흘러간 것 같지가 않아요. |
| 민호 | 맞아요, 나도 그래요. 성룡이 낙하산을 타고 백 층 꼭대기에서 뛰어내리는 걸 볼 때, 전율이 느껴지더라구요. 그건 정말 굉장해 보였어요. 어땠어요? |
| 선미 | 전 성룡이 마지막에 싸우는 장면에서 쿵후로 악당들을 발로 차는 (물리치는) 장면이 재미있었어요. |
| 민호 | 그 장면이 초고층 빌딩 위에서 아니었나요? |
| 선미 | 네, 그리고 그는 거기서 점프를 했지요. 맞지요? 성룡의 움직임을 보는 것은 정말 흥분되는 모험이에요. |
| 민호 | 그래, 맞아요. 음, 영화를 즐겼다니 기뻐요. |
| 선미 | 있지요, 우리 저녁 먹으러 가지요. 민호씨가 영화 표를 샀으니까, 저녁은 내가 살게요. |
| 민호 | 오, 아니요, 그럴 필요 없어요. |
| 선미 | 아니, 그럴래요. 그럼 다음번에, 민호씨가 저녁을 사고, 내가 영화 표를 사면 되잖아요. 그건 어때요? |
| 민호 | 좋아요, 그럼. |
| 선미 | 어디 가고 싶은데 있어요? |
| 민호 | 음, '리걸 시푸드' 음식점에 가지요.' 거기에 진짜 신선한 해산물들이 있거든요. |
| 선미 | 그거 좋은데요. 거기 자리가 있는지 알아봅시다. |

### ▶▶ At the restaurant

**Waitress**  Good evening. Do you have a reservation?
**Sunmi**  No.
**Waitress**  Hmm, at the moment, there is no table available. However, if you wait a couple of minutes, we'll get you seated in a nice window seat. Would you like to wait ma'am?
**Sunmi**  You don't have a table?
**Waitress**  No, I'm afraid not. We are fully booked tonight.
**Sunmi**  Minho, do you want to wait?
**Minho**  Yeah, but for how long? (facing waitress)
**Waitress**  I'd say about 15 minutes at the most, sir.
**Minho**  15 minutes doesn't sound too bad. Let's wait, Sunmi.
**Sunmi**  OK, then. We'll wait.
**Waitress**  All right. Please write down your name here on the sheet and wait in the waiting area. We'll call your name when the table is ready.
**Minho**  Okay. Thanks.

## 해 석

### ▶▶▶ 식당에서

**웨이트리스**  안녕하세요. 예약하셨나요?
**선미**  아니요.
**웨이트리스**  흠, 지금은, 좌석이 없습니다. 하지만, 몇 분 정도 기다리시면, 창가 좋은 자리에 앉으실 수 있을 겁니다. 기다리시겠어요?
**선미**  자리가 하나도 없나요?
**웨이트리스**  죄송하지만, 없습니다. 오늘 밤은 모두 예약이 되어있습니다.
**선미**  민호씨 기다려도 괜찮겠지요?
**민호**  네. 하지만 얼마나 오래지요? (웨이트리스를 쳐다보며)
**웨이트리스**  길게 잡아서 15분 정도라고 봅니다.
**민호**  15분이면 그리 나쁘게 들리지는 않는군요. 기다리지요, 선미씨.
**선미**  그래, 그럼. 기다릴게요.
**웨이트리스**  알겠습니다. 여기 종이에 이름을 적어주시고 대기실에서 기다려 주세요. 자리가 준비되면 이름을 불러드리겠습니다.

## Lesson 13 I insist [13주차]

### C) Comprehension

1. 대화 내용과 맞는 것은 어느 것입니까?

   ① They are going to see the movie.
   ② They did not like the movie.
   ③ They enjoyed the movie.
   ④ The are acting for the movie.

2. 대화 내용과 맞는 것은 어느 것입니까?

   ① 한 명이 극장구경 값을 내고 다른 한 명이 식사 값을 낸다.
   ② 그들은 영화를 본 후 갈증이 나서 커피숍에서 시원한 것을 마셨다.
   ③ 식당에 미리 예약을 했으므로 좋은 자리에 앉을 수 있었다.
   ④ 기다리다 지쳐 다른 식당을 이용하기로 하였다.

정답  Comprehension: 1. ③  2. ①

# Coffee Break

잠시 머리를 식히면서 쉬었다가 갈까요?

### 각자가 먹은 만큼 내자

### Go Dutch.

생활 문화가 많이 서구화 되었음에도, 우리의 음식 값 지불 문화는 각자 자기 몫을 지불하기보다 한 번 씩 돌아가면서 일종의 '품앗이 형태'로 한 사람이 몰아서 내는 경우가 더 많습니다.

비교적 자유분방한 젊은이들도 '각자 내자'라는 말은 우리 입에서 잘 떨어지지 않는 말인 듯 하고 대신에 '더치페이(Dutch pay) 하자'라는 말을 더 많이 쓰는 것을 봅니다. 아무래도 영어로 하면 각자 지불하는 이 행태가 좀 덜 냉정해 보이는가 보지요... 하하

그런데, 이 'Dutch pay'는 'Go Dutch'라는 표현에서 나온 'Konglish'입니다. 의미는 '각자가 먹은 만큼 내자'라는 표현이고 정확히 'Go Dutch' 혹은 'Let's go Dutch'로 표현합니다. 많이 먹은 사람은 더 많이 내는 것이지요. 사실 이것은 비용의 합계를 사람 수대로 공평하게 나누는 우리네의 방법과는 좀 다릅니다. 그러나 서구에서는 통상 있는 지불 방법입니다.

다만 궁금한 것은 왜 'Dutch' (네덜란드의)를 사용할까인데, 이는 17C로 거슬러 올라가 영국과 네덜란드의 해상무역의 세력싸움에서부터 시작된다고 합니다. 패한 영국인들은 나쁜 의미를 Dutch에 붙여 사용하기 시작했고 이것이 유래가 되었다고 봅니다. 예를 들면 'Dutch act'는 자살행위, 'Dutch uncle'은 심하게 비판하는 사람, 'Dutch courage'는 술김에 부리는 용기, 허세를 의미합니다.

우리도 비슷한 예가 있지요? 몇 년 전인가요... 빙상 쇼트트랙 김동성 선수가 미국의 오노선수의 할리웃액션으로 1등을 빼앗기고 난 후, 오노선수의 이름을 따서 만든 단어들이 있었습니다. 예를 들어 '오노스러운', '오노같은'의 단어가 유행했고 의미는 '비열한'의 뜻을 가졌지요. 심지어는 '오노 목에 금메달'의 속담도 나왔습니다. 의미는 '도무지 어울리지 않는 상황'이라네요. 하하

A: Did he pay for you?
그가 네 몫을 냈어?
B: No, we went Dutch.
아니, 우리는 먹은 만큼 각자가 냈어.

* 각자 냅시다.
  - Let's split the bill.
  - Let's go Dutch.
  - Let's go fifty-fifty 혹은 Let's go half and half. (반 씩 냅시다.)

A: I'll treat you today. 오늘은 내가 낼께.
B: What are you talking about? 무슨 소리야?
Let's split the bill. 각자 내자.
A: No problem. Today is my payday. 괜찮아. 오늘이 내 월급날이야.

## Main Study

### E) Expression I

❶ Wow, it didn't seem like two hours long. 두 시간이 걸린 것 같지 않아요.

▶ 'seem like'는 '~인 것 같다, ~인 듯하다'라는 뜻.
여기에서 선미가 영화가 너무 재미있어서 실제 영화 시간이 두 시간이었음에도 자신이 느끼기에 두 시간이 아닌 것처럼 느껴진다고 말한 것.

▷ He seems like a nice person. He seems like tired.

▷ A: Hello! How have you been?
안녕하세요! 그동안 어떻게 지내셨어요?

B: Hi! Wow, long time no see. It seems like years since I saw you last!
안녕하셨어요? 와~이게 얼마만이에요? 제가 마지막으로 당신을 본 지가 수년이 지난 것 같아요!

▶ 의미에 따라 수사 뒤에 형용사를 붙여 표현함.

▷ The movie three hours long
길이 3시간의 영화

▷ The door six feet long
길이 6피트의 문

▷ The door three feet wide
폭 3피트의 문

▷ An army ten thousand strong
총 일만 명의 군대

❷ It was thrilling to watch ~   ~을 보는 것이 스릴 만점입니다

▶ 'thrill'은 우리가 '스릴'이라고 부르는 바로 그 단어. 여기서의 'thrilling'은 '스릴 만점의, 오싹하는, 전율케 하는' 뜻의 형용사. 지난 시간에 보았던 exciting, confusing처럼 이 역시 thrilling은 스릴을 느끼게 하는 대상이 주어로 오면 'thrilling'이나 그 느낌을 받는 이가 주어로 오면 'be thrilled'가 됩니다.

▷ The movie was thrilling. I was thrilled by the movie.

❸ Jacky Chan flew from the top of the 100-story building with a parachute.
재키 찬은 낙하산으로 100층 빌딩 꼭대기에서 날았습니다.
- ▶ 건물의 층을 이야기 할 때, 층이란 의미로 'story'를 씁니다.
    - ▷ This is a 80-story building.
      이 건물은 80층짜리 건물입니다.

❹ I liked the part where Jacky Chan kicked the bad guys.
재키 찬이 나쁜 놈들을 발로 차는 장면이 맘에 듭니다.
- ▶ 관계부사 where는 원래 장소에 쓰이는 것이 보통.
    - ▷ This is the place where I was born.
      여기는 제가 태어난 장소입니다.
    - ▷ This is the place where I played when I was young.
      여기는 어렸을 때 놀던 곳입니다.
- ▶ 또, 이처럼 "~하는 장면/부분"이라고 해석할 수 있음
    - ▷ I liked the part where he jumped.
      점프한 장면이 마음에 들었어요.
    - ▷ Do you remember the part where she danced?
      그 여배우가 춤추던 장면 생각나요?

❺ martial art (동양의 무기를 사용하지 않는) 무술(    ): 태권도, 합기도, 쿵후, 유도 등
- ▶ 'martial art'는 동양의 나라들에서 발달하게 다양한 싸움과 관련된 스포츠들을 일컫는 말. 우리의 태권도를 비롯해 유도, 쿵후, 가라테 등이 이 'martial art'에 속함.
    - ▷ Taekwondo is the Korean martial art.

❻ sky scraper 마천루
- ▶ skyscraper는 sky(하늘) + scraper(긁는 것)의 합성어로, 처음 고층빌딩을 지었을 때 높이가 마치 하늘을 찌르는 듯(긁는 듯)하다 하여 고층빌딩을 sky scraper라 함.

## Q POP QUIZ I

**Q1** 다음 story의 뜻 중 다른 하나는?

① This is an interesting story.
② There were ten stories to choose from.
③ How many stories do you know?
④ I went up a thirty-story building.

≪Hint≫ '이야기'가 아닌 건물의 '층'의 뜻을 찾으세요.

**Q2** 밑줄 친 where의 쓰임이 다른 것을 고르세요.

① He went to the place where she was born.
② She doesn't know the part where she should emphasize.
③ He showed us where we could take a shower.
④ The gardens where we planted pine trees belong to the city.

≪Hint≫ 관계부사로 뒤에서 거슬러 where 앞의 선행사를 수식하는 것으로 해석.

 Pop Quiz I : 1. ④  2. ③

## E  Expression II

**❼ I'd say it was exciting adventure to watch his move.**
그의 움직임을 보는 것은 흥분된 모험입니다.
- ▶ 'I'd say~' (I would say) → '나는 ~라고 말하겠다', '나는 ~라고 본다' 등으로 해석될 수 있으며, 자신의 생각이나 의견을 말할 때, 또는 자신의 주장을 완곡하게 덧붙이기에 적절한 표현이라고 할 수 있음.
    - ▷ A: Guess how old I am.
        제 나이를 맞춰보세요.
      B: Let's see. I'd say you're about thirty.
        가만있자. 저는 한 30살 쯤으로 보는데요.
    - ▷ A: Was the last year the hardest year of your life?
        작년 한 해가 당신 인생에서 가장 힘든 시간이었습니까?
      B: Yeah, I'd say so.
        아마도 그럴 것입니다.

**❽ Let's go eat. 가서 먹읍시다.**
- ▶ Let's go and eat.으로 굳이 하지 않고 요즘 영어에서는 이러하게 동사가 겹치게 잘 쓰임.
    - ▷ Let's go have dinner.
        가서 저녁 먹읍시다.
    - ▷ You go get it.
        당신 가서 가지세요.

**❾ Since you bought movie tickets~ 당신이 영화 표를 샀기에~**
- ▶ since → 원래 '~이래로', '~한 후에'의 의미로 현재완료형과 자주 쓰임. 하지만 여기에서 처럼 '~ 때문에, ~이므로'로도 많이 쓰임. 'as'보다는 강하고 'because' 보다는 가벼운 뉘앙스로 미국에서 즐겨 쓰이는 단어.
    - ▷ Since you can't answer the question, perhaps we'd better ask someone else.
        당신이 이 문제에 대답할 수 없으니, 다른 분에게 물어보는 것이 낫겠군요.

**❿ The dinner is on me. 저녁은 제가 사겠습니다.**
- ▶ 우리가 흔히 '쏘겠습니다'라는 말을 합니다만 그대로 해석하여 I'll shoot today's dinner. 라고 하시면 'Konglish'. 정확한 표현은 The dinner is on me. 이외에도 자주 쓰이는 말은, = I'm buying. = I'll treat you. = It's my treat.

⓫ I insist. (제 뜻대로) 할게요.
- ▶ insist → '(강하게) 요구하다, 우기다, 주장하다'. 상대방이 그럴 필요가 없다고 한 것에 대해 굽히지 않고 자신의 고집대로 하겠다는 의지를 종종 나타냄. I insist 이후에 that 절이 나올 때도 있으며 'I insist on ~ing'도 가능함.
- ▶ I insist that you finish the work by Saturday.
  = I insist on your finishing the work by Saturday.
- ▶ 'If you insist~'일 경우에는 '정 그러시다면~'으로 해석하면 자연스러움.
  - ▷ A: I can't accept this gift.
     전 이 선물 받을 수 없어요.
     B: Please, I insist. It's just a small thing. I appreciate your help a lot.
     받으세요. 부탁입니다. 이거 별거 아니에요.
     당신의 도움에 대단히 감사합니다.
  - ▷ A: I'm buying today. 제가 오늘 살게요.
     B: All right, if you insist. But the next one is on me.
     좋아요, 정 그러시다면. 하지만, 다음에는 제가 냅니다.
  - ▷ A: Have some more, please. 더 드세요.
     B: All right, if you insist. But just one more.
     예, 정 그러신다면. 하지만 딱 하나만 더 먹겠습니다.

⓬ Let's see if~ ~인지 (아닌지) 봅시다
- ▶ Let's see if there are any seats.
  자리가 있나 봅시다.
- ▶ Let's see if it's cooked yet.
  다 익었는지 한 번 봅시다.
- ▶ 하지만 단독으로 쓰이는 Let's see.는 '글쎄요.'입니다.
  - ▷ Let's see, I don't know what to say.
     글쎄요, 뭐라 말해야 할지 모르겠네요.

⓭ No, I'm afraid not. 아니오, 아무래도 (유감스럽게도) 아닌 것 같아요.
- ▶ A: Did you pass your exam?
     시험에 합격했어요?
     B: I'm afraid not.
     유감스럽게도 못했어요.

▶ 상대방이 묻는 말에 부정적인 대답을 할 경우에 단도직입적으로 'No'라고 하지 않고 '유감스럽지만 그럴 수 없을 것 같습니다' 하고 완곡하게 표현할 수 있는 구문. 이와 반대로 '유감스럽지만 그런 것 같습니다'라고 할 때는 'I'm afraid so.'라고 합니다.

   ▷ A: Do I have to pay the full price?
      제가 모든 비용을 치러야 하나요?
      B: I'm afraid so.
      아무래도 그러서야 하겠는데요.

❹ We are fully booked. 우리 식당은 꽉 차 있습니다. = 자리가 없습니다.

   ▶ book: 예약하다 (=reserve)
      ▷ I'd like to book a table for two at 6 o'clock tonight.
      오늘밤 6시 자리 예약하고 싶습니다.

❺ at (the) most 기껏해야, 겨우

   ▶ ⓒf at least 적어도
   ▶ It will take five minutes at most. 겨우 5분 걸릴 것입니다.
   ▶ Please check in at least 45 minutes before departure time.
      출발시간 적어도 45분 이전에 오셔서 체크인해 주세요.
   ▶ It'll cost at least 500 dollars. 적어도 500불 들 거예요.

❻ Fifteen minutes doesn't sound too bad. 15분이면 그리 나쁜 것은 아닙니다.

   ▶ That sounds good. 그것 참 좋겠군요. 좋습니다(문제 없습니다).
   ▶ That doesn't sound good. 문제가 있네요.
   ▶ sound(형): 건전한
      ▷ A sound mind in a sound body 건전한 몸에 건전한 정신
      ▷ sound sleep 숙면(단잠)

Happy English I | 이길영 교수

## Q POP QUIZ II

**Q1** 다음 중 '내가 (음식값을) 낼 게'의 표현이 <u>아닌</u> 것 하나는 무엇입니까?

① It's on me.　　② I'll shoot it.
③ I'm buying.　　④ I'll treat.

≪Hint≫ 'shoot it'은 '음식을 쏘다'와는 전혀 다른 의미.

**Q2** 다음 A의 물음에 부정의 대답으로 가장 적절한 B의 표현은 무엇입니까?

> **A:** Is he sick? Is he serious?
> **B:** _____

① Yes.　　② Sure.
③ I'm afraid so.　　④ Why not?

≪Hint≫ 유감의 의미를 가미해서 표현.

정답 Pop Quiz II: 1. ②　2. ③

Lesson 13 I insist [13주차]

### E > Exercise I

**1** '두 시간 걸린 것 같지 않습니다.'에 맞는 의미가 되도록 들어갈 적당한 단어를 찾아 괄호 안을 채우세요.

> seem, long, didn't, hours, like, two
>
> It (　) (　) (　) (　) (　) (　)

≪Hint≫ seem like ~ → ~인 듯이 보이다

**2** '저는 성룡(Jacky Chan)이 악당들을 발로 차는 장면이 재미있었어요.'에 맞는 의미가 되도록 들어갈 적당한 단어를 찾아 순서대로 채우세요.

> the part, where, the bad guys, part, Jacky Chan, kicked
>
> I liked (　) (　) (　) (　) (　).

≪Hint≫ the part where ~ → ~하는 장면

**3** '당신이 영화 표를 샀으니, 저녁은 제가 삽니다.'에 맞는 의미가 되도록 들어갈 적당한 단어를 찾아 순서대로 채우세요.

> you, me, bought, is, the diner, movie tickets, on
>
> Since (　) (　) (　), (　) (　) (　) (　).

≪Hint≫ since ~ → ~이므로. the dinner is on me. → 저녁을 삽니다

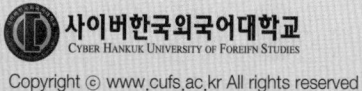
Exercise I : 1. didn't seem like two hours long
2. the part where Jacky Chan kicked the bad guys
3. you bought movie tickets, the dinner is on me

4  '자리가 있는지 알아봅시다.'에 맞는 의미가 되도록 들어갈 적당한 단어를 찾아 순서대로 채우세요.

> if,  they,  any,  have,  see,  they,  seats
> 
> Let's (   ) (   ) (   ) (   ) (   ) (   ).

≪Hint≫ Let's see → ~인지 아니지 봅시다.

5  '우리는 오늘 밤, 예약이 가득 찼습니다.'에 맞는 의미가 되도록 들어갈 적당한 단어를 찾아 순서대로 채우세요.

> are,  booked,  tonight,  fully
> 
> We (   ) fully (   ) (   ).

≪Hint≫ be booked → 예약이 가득 찼다

## E) Exercise II

주어진 한국어와 동일한 의미가 되게 관용적인 영어로 다음을 쓰세요.

1  당신이 영화를 즐겼다니 기뻐요.

   _____

   ≪Hint≫ be glad that~

2  저녁은 제가 삽니다.

   _____

   ≪Hint≫ on을 사용하여

  Exercise I :  4. see if they have any seats       5. are booked tonight
         Exercise II :  1. I am glad that you enjoyed the movie.   2. The dinner is on me.

3  정 그러하시다면.

> **A**: Have some more, please.
> **B**: All right. _____. But just one more.

≪Hint≫ insist를 사용

4  아무래도 아닌 것 같습니다.

> **A**: Did you pass the test?
> **B**: _____

≪Hint≫ afraid를 사용

5  각자 먹은 만큼 냅시다.

_____

≪Hint≫ Dutch를 사용

정답  Exercise II :  3. If you insist.
　　　　　　　　 4. I'm afraid not.
　　　　　　　　 5. Let's go Dutch.

# Bonus

입국절차가 시작됩니다. 자, 어떤 일이 일어나는지요?

**(at the Immigration Office)**

A   Next please.

B   Good morning.

A   Good morning, sir. May I see your passport, please?

B   Here you are.

A   Thank you. How long will you be staying in the United States?

B   Two weeks.

A   OK, and the purpose of your visit is...?

B   I have a seminar to attend.

A   I see. Where will you be staying?

B   At the Holiday Inn in New York.

A   Well, I hope you enjoy your stay. Now proceed to customs.

B   Thank you.

**(입국심사국에서)**

A   다음 분이요.

B   안녕하세요.

A   네, 안녕하십니까. 여권을 보여주시겠습니까?

B  여기 있습니다.
A  감사합니다. 미국에 얼마나 계실 건가요?
B  2주요.
A  네. 방문 목적은요?
B  세미나 참석 때문에 왔습니다.
A  그렇군요. 어디서 계실 겁니까?
B  뉴욕의 할리데이 인 호텔이요.
A  알겠습니다. 좋은 시간 보내십시오. 세관심사대로 가십시오.
B  감사합니다.

---

❖다음은 입국심사를 할 때 나올 수 있는 표현입니다.
• How long will you be staying in ~ 에 얼마나 오래 계실 건가요?

입국심사를 할 때 필히 나오는 질문은 본국에 얼마나 오래 체류할 것인지, 그리고 방문 목적입니다. 그리고 어디에서 묵는지도 물을 수 있습니다.

얼마 동안 이곳에 체류하고자 하는지를 묻는 질문 "How long will you be staying here?"는 다음과도 같이 쓸 수 있습니다.
• How long will you be here?
• How many days will you be staying here?
• How long are you planning to be here?
• How long do you plan to stay here?

❖purpose of visit 방문 목적
왜 본국에 왔는지를 묻고 있습니다. 이때 "why"보다는 "What is the purpose of"를 많이 사용하는데, 그 이유는 우리말과 마찬가지로 "왜 오셨습니까?"는 무례한 어감이 있기 때문입니다. 따라서 "What is the purpose of your visit?"(방문 목적이 무엇입니까?)를 사용합니다.
• What is the purpose of your visit?
  = What is your purpose of visit?

= And your purpose of visit is...?

문장 뒤에 좀 끌면서 이야기 합니다. 그러면 자연스런 의문문형태가 되지요.

🔵 cf attend 참가하다

❖ 마지막으로 입국심사를 할 때 자주 묻는 질문은 어디에서 묵는지 입니다.
- Where will you be staying?
= Where do you plan to stay?

## Crossroads

### 자동차 관련 Konglish

자동차 관련하여 우리가 흔히 사용하는 용어 가운데 콩글리시가 많습니다. 우리에게는 딱 들어오는 말인데 실제로 콩글리시가 있지요. 그 중에는 영어 용어가 일본에서 사용되다가 우리나라로 수입되어 사용되는 예도 종종 있습니다. '빠꾸' 등이 그 예입니다.

| handle | - steering wheel |
| A/S center | - repair shop/body shop |
| back mirror | - rear-view mirror/rear mirror |
| 빠꾸 | - back up |
| 오라이 | - all right |
| window brush | - wiper |
| 크락숀 | - horn |
| 빵빵 | - beep beep |
| 오토바이 | - motor cycle |

## Wrap-up

### 1. I insist that~

- 나는 ~라고 주장합니다.
  =I insist on ~ing
- if you insist~ 당신이 정 그러하시다면

### 2. I'm afraid not.

- No라고만 하기엔 강할 때, 이 표현은 감정이 완화된 뉘앙스를 줍니다.

### 3. The dinner is on me.

- 저녁을 제가 삽니다.

# LESSON 14

# Actually~

## Introduction

### 말하기 포인트

상대방에게 부연하여 제대로 설명하기
자신이 들은 말을 부드럽게 확인하기

### 유용한 표현

Actually~
So, (you're thinking of visiting Japan)?
I can't wait till the summer break starts.
I deserve a break.

## Warm-Up

### B ⟩ Brainstorming 1-1

> A: What are you planning to do for a vacation?
> B: Well, I'm going to a small island.
> A: An island? Where is it?
> B: Oh, it's near Mokpo. I'll use a small ferry to get there.
> A: Wow, sea breeze. Hmm... What are you going to do there?
> B: I'll go to the beach and enjoy swimming and sunbathing, you know.
> A: Sounds great. I envy you.

What are they talking about?

① backpacking
② a city of Mokpo
③ vacation plan
④ ferry

### B ⟩ Brainstorming 1-2

휴가 중 여행 계획과 관련하여 이야기할 때 흔히 나올 수 있는 이야기들은 다음 중 어느 것인지 있는 대로 모두 ☑ 하세요.

- Where are you going for summer vacation?
- Learning is always fun to me.
- The breeze is cool and pleasant in the mountain.
- They will vote for the gentleman.
- I need a break in a cool resort place.

정답  Brainstorming 1-1: ③
Brainstorming 1-2: Where are you going for summer vacation?
The breeze is cool and pleasant in the mountain.
I need a break in a cool resort place.
I'm thinking of going to Jung-Dong-Jin beach.
I'm going to use an airplane to get there.

- I'm thinking of going to Jung-Dong-Jin beach.
- Some overweight people eat too fast.
- I'm going to use an airplane to get there.

## B. Brainstorming 2

동의를 표하는 말이 <u>아닌</u> 것은 어떤 것들이 있는지 있는 대로 모두 ☑하세요.

- I think so.
- You are right.
- Of course.
- I see things differently.
- I agree with you.
- It's quite a good idea.
- That's exactly what I am saying.
- From my point of view, it's not reasonable.

정답 | Brainstorming 2: I see things differently., From my point of view, it's not reasonable.

## D  Dialogue

▶▶ **At the workplace**

**Minho**   Hello, Chansoo.

**Chansoo** How are you?

**Minho**   Oh, I am so tired. I can't wait till the summer break starts!

**Chansoo** You seem tired. Actually, you have worked hard for the last couple of months with that crazy workload.

**Minho**   Yeah, I'm pretty worn out. I deserve a break.

**Chansoo** Have you made any plans for your summer vacation?

**Minho**   No, I haven't planned anything specific yet.
           But, I'm thinking of going to Shimonoseki in Japan.

**Chansoo** So, you're thinking of visiting Japan?

**Minho**   Yeah, for now.

**Chansoo** Wow. Touring Japan will be quite expensive, won't it?

**Minho**   Well, actually no. I was thinking of back-packing.
           That way, I will not need a lot of money.
           I'm planning to take the ferry from Busan to Shimonoseki and it is quite cheap.

**Chansoo** Oh, really? I didn't know that.

**Minho**   Yeah, the ferry from Busan to Shimonoseki leaves at 6 p.m. every evening and arrives in Shimonoseki the next day at 6 a.m.

**Chansoo** Wow, won't you be very tired after a 12-hour trip?

**Minho** Nah. Actually, I think it will be quite an interesting trip. I will enjoy the fresh sea breeze.

**Chansoo** Hmm, I guess so. You could probably get a JR pass from Shimonoseki. I think it works like the Eurail pass in Europe.
The JR pass includes use of the express train, called Shinkansen.

**Minho** Oh, yeah. I've heard about that. I think there's a special deal with the ferry and the express train services. I should look into that more closely. Sounds like a real adventure, taking an overnight ferry to Japan, and catching the Shinkansen, doesn't it?

**Chansoo** Yeah, really! It may not be that comfortable but it surely sounds like fun to me!

**Minho** Yes, quite true. I may not be able to experience Japan in first-class style, but I think I'll be better able to see the real Japan, from a student's point of view. The local food, clothing styles, housing, public transportation hmm... Gosh, just thinking about it makes me happy already.

**Chansoo** Minho, I really envy you. Would you mind showing me your trip schedule and plan after you come back from Japan? That information will be very useful for planning my next vacation.

**Minho** No problem. I'll be happy to give it to you.

**Chansoo** Thanks.

### 해석

▶▶▶ **직장에서**

**민호** 안녕하세요, 찬수 씨.

**찬수** 민호 씨, 어떻게 지내요?

**민호** 휴, 너무 피곤해요. 여름휴가 때까지 어떻게 기다리지!

**찬수** 민호 씨 정말 지난 몇 개월간의 엄청난 작업량으로 꽤나 지친 듯 보이는군요.

**민호** 예, 정말 치쳤어요. 휴식 시간을 가질만하죠.

| | |
|---|---|
| 찬수 | 여름휴가 계획이라도 세워놓으신 것 있나요? |
| 민호 | 아니요, 아직 어떤 명확한 계획은 세우지 않았어요. |
| | 하지만, 일본에 있는 시모노세키에 가는 생각을 해 보았어요. |
| 찬수 | 그러니까, 일본으로 여행하실 계획을 갖고 있다는 말씀이신가요? |
| 민호 | 예, 지금으로선 그렇습니다. |
| 찬수 | 와. 일본 여행은 꽤나 비쌀 텐데요, 그렇지 않습니까? |
| 민호 | 글쎄요, 사실은 그렇지 않아요. 전 배낭여행으로 갈 생각을 하고 있었죠. |
| | 그 방법으로는 그리 많은 돈이 필요하지 않을 거예요. 게다가, 부산에서 시모노세키까지 배를 타고 갈 계획인데, 그러면 아주 저렴하답니다. |
| 찬수 | 오, 정말요? 그것에 대해선 몰랐어요. |
| 민호 | 예, 부산에서 시모노세키까지 가는 배는 매일 저녁 6시에 출항해서 그 다음 날 아침 6시에 시모노세키에 도착합니다. |
| 찬수 | 와, 12시간 동안이나 여행하면 너무 피곤하지 않을까요? |
| 민호 | 아니요, 사실, 전 아주 재미있는 여행이 될 것 같다고 생각하는데요. |
| | 신선한 바다 바람도 즐길 수 있을 거구요. |
| 찬수 | 흠. 그럴 것도 같군요. 이마 시모노세키에서 JR패스를 구하실 수 있을 거예요. |
| | 그건 유럽의 유레일패스같이 기능을 한다고 생각되는군요. JR패스로 일본 내에서 '신칸센'이라 불리는 고속 철도를 이용할 수 있습니다. |
| 민호 | 아, 예, 그 패스에 대해 들어본 적이 있어요. 거기에는 선박과 고속 철도 회사 간에 특정한 협약이 있을 거라고 생각되는군요. 거기에 대해 좀 더 자세히 알아봐야겠어요. 밤 새 배를 타고 일본에 가서, 고속 철도 '신칸센'을 탄다. 진짜 모험처럼 들리네요, 그렇죠? |
| 찬수 | 네, 맞아요! |
| | 그리 안락한 여행은 아닐지도 모르지만 분명 재미있는 여행이 될 듯해요! |
| 민호 | 네, 정말 그래요. 최고급으로 일본을 경험할 순 없을지도 모르겠지만, 공부하는 학생과 같은 시선으로 진짜 일본을 더 잘 볼 수 있을 거라고 생각해요. 그 지방의 음식, 의상, 숙박, 대중교통 등.. 음.... 아이, 그저 생각만으로도 벌써 행복해지는군요. |
| 찬수 | 민호, 정말 부러워요. 일본 여행에서 돌아오신 후에 저에게 여행 스케줄과 계획을 보여주실 수 있습니까? 그 정보는 저의 다음 여행을 계획하는 데 매우 유용할 거예요. |
| 민호 | 물론이죠, 기꺼이 알려드리겠습니다. |
| 찬수 | 감사합니다. |

## C) Comprehension

### 1. 대화 내용과 맞는 것은 어느 것입니까?

① Chansoo is going for a vacation with Minho.
② Minho is going to fly to Shimonoseki.
③ Minho is going to Japan for Summer vacation.
④ Chansoo is tired of going to Japan.

### 2. 대화 내용과 맞는 것은 어느 것입니까?

① Minho is interested in Shinkansen.
② Actually, Minho doesn't like the use of ferry.
③ Minho will be comfortable staying in a very expensive hotel.
④ Going abroad is not possible because of his visa problem.

정답  Comprehension: 1. ③  2. ①

## Coffee Break

잠시 머리를 식히면서 쉬었다가 갈까요?

**Bingo!**

Bingo game을 아시지요? 원래 이 게임은 일정한 범위 안에 있는 숫자를 표 안에 무작위로 적어 놓은 후에, 숫자가 적힌 공을 박스 안에서 집어 들어 숫자를 부릅니다. 몇 차례 불러 각자가 가지고 있는 표에 일직선이나 대각선이 되도록 숫자가 연결이 되면 Bingo! 하고 외칩니다.

Bingo는 이처럼 열심히 어떤 일에 몰두하여 성취가 되어 기쁨을 표시할 때 사용하는 말입니다. 또 바로 원하는 것이 나왔거나 이루어질 때, 꼭 집어내었을 때 외칩니다. 이것이 자주 쓰이는 표현임을 알게 된 것은 유학시절입니다. 대학원에서 수업 중, 한 교수님은 학생들로부터 원하는 답이 나오면 Bingo! 하곤 했습니다.

Bingo!

Bingo! 여러분의 삶에도 이런 Bingo! 외침이 많았으면 좋겠습니다. B I N G O !!!

    A:   What could be the best gift for my mom's birthday?
          엄마 생일에 무슨 선물이 좋을까?
    B:   How about a pair of sunglasses? She is going to Guam for Summer vacation.
          선글라스 어때? 이번에 여름휴가로 괌에 가시는데.
    A:   Bingo. That's exactly what mom needs.
          바로 그거야. 그것이 바로 엄마가 필요한 것이야.

## Main Study

### E) Expression I

❶ I can't wait till the summer break starts!
여름휴가가 될 때까지 기다릴 수가 없어요!
- ▶ 'can't wait till~'은 문자 그대로 해석하면 '~까지 기다릴 수 없다'이므로 '어느 시점이 빨리 왔으면 좋겠다'는 간절한 기대와 바람을 나타낼 때 쓰임.
  여기서 'till'은 'until'의 축약형으로 쓴 것.
  - ▷ I can't wait till Christmas!
  - ▷ I can't wait till my birthday.
    can't wait till과 비슷한 표현은 look forward to
  - ▷ I am looking forward to my birthday.
- ▶ 'break'는 휴식, 휴가
  - ▷ Let's have a 10-minute coffee break.
    커피 마시면서 10분간의 휴식을 가집시다.
  - ▷ She worked all day without a break.
    그녀는 휴식 시간도 없이 하루 종일 일했다.

❷ Actually 실제로, 사실은
① 실제로(부연 설명할 때 사용함)
  - ▷ You seem tired. Actually you have worked hard for the last couple of months with that crazy workload.
    피곤해 보여요. 실제로 지난 두 달간 엄청난 업무량으로 열심히 일하셨잖아요.
② 사실은(상대방 의견에 대조되는 의견을 정중하게 내면서)
  - ▷ They're not married, actually.
    사실, 그들은 결혼한 사이가 아닙니다.
  - ▷ We're not British. Actually, we're Irish.
    우리는 영국인이 아닙니다. 사실, 아일랜드인입니다.
  - ▷ He looks weak, actually he is very strong.
    그는 약해 보이나, 사실 강합니다.

❸ crazy workload 미칠 것 같은 많은 일 양
- ▶ crazy는 '실성한, 미친'이라는 뜻인데 무생물 명사와 함께 쓰이면 보다 다양하게 해석 가능.
  - ▷ You must be worn out with that crazy workload.

그 산더미 같은 업무량으로 많이 지쳤겠어요.

❹ Yes, I'm pretty worn out. 네, 저는 너무 지쳤습니다.
- ▶ wear out → '~을 지치게 하다, 닳게 하다'의 뜻. 수동형 'be worn out'의 꼴로 바꾸면, '지치다, 기진맥진 하다'의 뜻.
  - ▷ I'm worn out. 아주 지쳤어요.
    - A: Studying hard wears you out?
      열심히 공부하시기 힘드시죠?
    - B: I feel worn out. That's true.
      탈진된 느낌이에요. 맞아요.
    - A: How are you feeling today?
      오늘 컨디션이 어때요?
    - B: I'm all worn out with this hard work.
      저는 이 어려운 작업으로 완전히 녹초가 되었어요.
- ▶ 'worn'과 'out'을 붙여 'worn-out'이 되면, 합성어로 '지친, 닳아 헤진'의 형용사.
  - ▷ It's time to throw away that worn-out shoes.
    당신의 닳아 헤진 신발은 이제 버릴 때가 된 것 같군요.

❺ I deserve a break. 휴가를 받을 만합니다.
- ▶ deserve → '~할 자격이 있다, ~을 받을 만하다' 응분의 대접을 받을 만하다는 좋은 의미와 응분의 대가를 치러야 한다는 나쁜 의미 둘 다로 쓸 수 있음.
  - A: I've been working all this year.
    올 해 내내 일만 했어요.
  - B: You deserve a rest.
    당신은 쉴 자격이 있어요.
  - A: I feel pity for him.
    난 그가 불쌍하다고 느껴져.
  - B: I don't. He deserves that.
    난 아니야. 그는 그래도 싸. (쌤통이야)

❻ Have you made any plans for your summer vacation?
여름휴가 계획을 하셨습니까?
- ▶ make a plan for~ → ~에 대한 계획을 하다

## Lesson 14  Actually~ [14주차]

❼ I haven't planned anything specific yet. 특정 계획은 아직 없습니다.
  ▶ specific → 특정의, 명확한, 분명한
  I gave him a specific instruction.
  나는 그에게 명확한 지시를 내렸다.
  A: Are you doing anything specific this weekend?
     이번 주말에 특별히 할 일 있니?
  B: No, nothing special.
     아니, 특별히 없어.

### Q  POP QUIZ I

**Q1** 다음 B의 말에 들어갈 말로 가장 적절한 것은 무엇입니까?

> A: I'll finish it if I stay up all night.
> B: Then, you will be (          ).

① turned out        ② worn out
③ put out           ④ taken out

≪Hint≫ worn out → 지친, 기진맥진한

**Q2** 다음 중 빈칸에 들어갈 가장 적절한 표현을 고르세요.

> A: I've been working all this year.
> B: (              )

① You were lazy.
② Why didn't you work so hard?
③ You can't wait till your working time.
④ You deserve a break.

≪Hint≫ deserve ~ → ~ 할 만하다

 Pop Quiz I :  1. ②   2. ④

## E  Expression II

❽ So, you're thinking of visiting Japan? 그러면 일본에 갈 생각이신 거군요?
▶ So = 그러니까, 그래서(방금 들은 말에 대해 질문할 때 씀)
A: I'm thinking of going to Shimonoseki in Japan.
일본 시모노세키에 갈 생각중입니다.
B: So you're thinking of visiting Japan?
그러니까 일본에 방문할 생각중이군요?

So, nobody can do this? 그러니까 아무도 할 사람이 없군요.

A: I've just got back from a trip to London.
저는 방금 런던에서 돌아왔어요.
B: So, how was it?
그래서 어땠어요?

❾ Actually, no. I was thinking of back-packing.
실제로는 그렇지 않아요. 저는 배낭여행을 생각하고 있습니다.
▶ backpack → '배낭', 혹은 동사로 '배낭을 지고 여행하다'
▶ back packer → 배낭을 지고 여행하는 사람, 배낭 족
A: What are you planning this winter?
이번 겨울에 무엇을 계획하고 계십니까?
B: I've arranged to go back-packing along the Himalayas trail.
히말라야로 배낭여행을 계획하고 있습니다.

❿ That way, I will not need a lot of money.
그렇게 한다면, 전 많은 돈이 필요하지 않습니다.
▶ That way는 '그렇다면'의 뜻입니다.
Don't act that way. 그렇게 행동하지 말아라.

⓫ I'm planning to take the ferry from Busan to Shimonoseki and it is quite cheap.
부산에서 시모노세키로 가는 연락선을 탈 계획인데 무척 저렴합니다.
▶ be planning to~ → ~ 할 계획이다
▶ ferry → 페리 호, 연락선. 선박
▶ quite → 상당히, 꽤, 아주

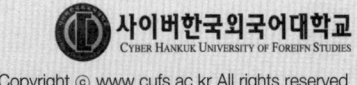

**⑫ I think there is a special deal with ferry and the express train services.**
선박과 고속 철도 회사 간에 특정한 협약이 있을 거라고 생각되는군요.
▶ deal → 거래, 협정, 협약
　본문에서는 선박 회사와 고속 철도 회사 간에 특별한 협약이 있을 거라는 내용.
　▷ The car company has made deal with a Japanese firm to supply engines.
　　그 자동차 회사는 한 일본회사와 엔진을 공급하는 협약을 맺었다.

**⑬ I should look into that more closely.** 더욱 세밀하게 그것을 조사하겠습니다.
▶ look into → ~을 조사하다, ~을 살펴보다
▶ closely → 세밀하게

**⑭ I may not be able to experience Japan in first-class style.**
최고급으로 일본을 경험할 수는 없을지도 몰라요.
▶ first class → 제 1급의, 최고급의, (배, 비행기 등의) 일등석의
▶ 'first class style'은 호화 여행 방식.
　A: Do you have any seats in economy?
　　(비행기의) 보통석이 있나요?
　B: Economy class is completely booked and only first class is available.
　　보통석이 만원이고 일등석밖에는 없습니다.

**⑮ ~'s point of view** ~의 입장, ~의 시각
▶ in your point of view = from your viewpoint 당신의 시각으로

**⑯ I really envy you.** 당신이 정말 부럽습니다.
▶ envy → ~을 부러워하다, 질투하다
　A: I got a full scholarship.
　　저는 전액 장학금을 받았어요.
　B: I envy you!
　　부럽군요!

## POP QUIZ II

**Q1** '조사하다'의 의미가 되도록 ( )에 알맞은 말은 어느 것인지요?

> I should look ( ) that more closely.

① after
② into
③ for
④ at

≪Hint≫ look into~ → ~을 조사하다

**Q2** 다음 A의 말에 대한 B의 반응으로 가장 적절한 것은 무엇입니까?

> A: He got the first prize.
> B: (       )

① I envy him.
② That's you?
③ I mean it.
④ Stop it.

≪Hint≫ envy → ~을 부러워하다

정답  Pop Quiz II: 1. ②  2. ①

## Lesson 14 Actually~ [14주차]

### E  Exercise I

**1** 빈칸에 들어갈 가장 적당한 말을 고르세요.

> A: Summer vacation is just around the corner. I'm getting excited.
> B: Yeah. _____

① I shouldn't wait.
② I don't know why.
③ I can't wait.
④ I don't have to.

≪Hint≫ I can't wait → 간절히 기대하다


**2** 빈칸에 들어갈 가장 적당한 말을 고르세요.

> A: The crazy workload... it is killing me.
> B: True. _____

① I'm fresh.
② I feel worn out.
③ I am already great.
④ I must see this.

≪Hint≫ worn out → 지치다, 기진맥진하다

 Exercise I : 1. ③  2. ②

**3** 빈칸에 들어갈 가장 적당한 말을 고르세요.

> A: I am really tired.
> B: I understand. You have worked so hard. _____
> A: Yeah. I'm thinking about it.

① You should be fine.
② You should look at the reality.
③ You will be happy.
④ You deserve a break.

≪Hint≫ '열심히 일했으니 쉴 만도하다'가 되도록.


**4** '여름방학에 대한 계획을 하셨는지요?'의 의미가 되도록 (   )안에 알맞은 말을 순서대로 써 넣으시오.

> any, made, for, summer, plans, your, vacation

Have you (   ) (   ) (   ) (   ) (   ) (   )?

≪Hint≫ make plan for ~


**5** '지난 두 달 동안'의 의미가 되도록 (   )안에 알맞은 말을 순서대로 써 넣으시오.

> last, for, months, the, of, couple

You have worked hard for (   ) (   ) (   ) (   ) (   ).

≪Hint≫ the last couple of ~ → 지난 두 개의 ~


정답  Exercise I : 3. ④
4. made any plans for your summer vacation
5. the last couple of months

## E ) Exercise II

아래 빈칸에 들어갈 내용을 말해 보세요.

**1**  여름 방학이 될 때까지 기다릴 수 없어요(간절히 기다립니다).

   _____

   《Hint》 'can't wait'를 사용하여

**2**  저는 매우 지쳤어요.

   _____

   《Hint》 worn out을 사용하여

**3**  저는 쉼을 가질 만해요.

   _____

   《Hint》 'deserve'를 사용하여

**4**  그것을 더욱 세밀하게 조사해 보아야겠습니다.

   _____

   《Hint》 'look into'를 사용하여

**5**  저는 당신이 부럽습니다.

   _____

   《Hint》 'envy'를 사용하여

---

정답  Exercise II:  1. I can't wait till the summer break starts.
                   2. I'm pretty worn out.
                   3. I deserve a break.
                   4. I should look into that(it) more closely.
                   5. I envy you.

# Bonus

입국절차를 마치고 이제 호텔로 찾아갑니다. 공항에서 호텔로 어떻게 가는지 봅시다.

A    Can you tell me where I can catch the bus heading downtown?
E    City-operated buses are just outside this entrance, to your right.
      Where are you heading?
A    I need to get to Holiday Inn.
E    Oh, then you should use their shuttle bus service.
      Holiday Inn has a shuttle bus that takes you directly to the Hotel.
A    Great! Where can I find it?
E    You'll see a shuttle bus sign outside.
      They come every ten minutes so you won't have to wait long.
A    Thank you!
E    You're welcome.


A    시내로 가는 버스를 타려면 어디로 가야 하나요?
E    시내버스는 당신 오른편에 있는 입구 바로 밖에서 타실 수 있습니다. 어디로 가시는데요?
A    할리데이 인이요.
E    아, 그렇다면 셔틀 버스를 타십시오.
      할리데이 인에서는 호텔까지 직접 오가는 셔틀버스를 운영하고 있거든요.
A    잘됐네요! 어디서 타면 되지요?
E    밖에 나가면 셔틀버스 표지판이 보일 겁니다.
      10분 간격으로 오니까 오래 기다리지 않으셔도 될 거예요.
A    감사합니다.
E    천만에요.

## Lesson 14  Actually~ [14주차]

❖ Can you tell me where? ~가 어디 있는지 알려주시겠어요?

'Can you tell me?'는 '~를 알려주세요.'라는 표현. 의문사가 혹은 'if'가 종종 뒤에 옵니다. 예문을 통해 배워봅시다.

- Can you tell me how to make Kimchi?
  김치 만드는 방법을 알려주시겠습니까?
- Can you tell me when the next flight is?
  다음 비행이 몇 시에 있는지 알려주시겠어요?
- Can you tell me why you became a doctor?
  왜 의사가 되셨는지 알려주시겠어요?
- Can you tell me where I can find a taxi?
  택시를 어디서 찾을 수 있는지 알려주시겠어요?
- Can you tell me if this is correct or not?
  이것이 맞는지 틀린지 알려주시겠습니까?
- Can you tell me who you saw that night?
  그날 밤 누구를 봤는지 알려주시겠습니까?

❖ just outside this entrance, to your right 입구 바로 앞에 오른쪽으로

배운 내용입니다만 just는 '바로, 막'이라는 의미를 가지고 있습니다. 그래서 just outside는 '바로 나가면'이 되는 것입니다. 시간과 함께 쓰일 때에는 '뿐, 만'의 의미로 해석됩니다.

- to your right : 본인의 오른쪽으로 (= on your right)
- to your left : 본인 왼쪽으로 (= on your left)
- straight ahead : 직진

❖ just wait 10 minutes는 '10분만 기다리세요'입니다.

- Where are you heading?
  어느 방면으로 가세요?
- head ~ : ~방면으로 가다

---

Where are you heading?은 어느 방면으로 가는지를 묻는 데 반해, where are you going?은 보다 구체적으로 어디를 가는지 묻는 질문.
크게 구별되지는 않으나, heading을 사용하면 범주가 커지므로 잘 모르는 사이에는 덜 무례하게 느껴지는 표현일 수 있으나 Where are you going은 구체적으로 어디로 가는지 묻는 것이므로 초면에 묻는다면 자칫 독촉하는 어조로 실례가 될 수 있습니다.

❖ I need to get to ~에 가야 하는데요
get to ~ : ~에 가다 = go to

❖ then you should 그렇다면 ~하는 게 낫겠네요.
then은 '그렇다면, 그럼'이라는 표현으로 우리말에서와 마찬가지로 자주 쓰입니다.

❖ They come every ten minutes. 10분마다 옵니다.
Every + 시간 또는 단위 : 매 ~
- every 10 minutes : 10분마다

❖ You won't have to wait long.
- You won't have to~ : ~하지 않으셔도 될 것입니다.
(won't = will not) wait long : 오래 기다리다

## Crossroads

### 음식 관련 Konglish

우리의 음식 메뉴에도 콩글리시가 많이 있습니다.
음식 관련 콩글리시를 알아보겠습니다.

| | |
|---|---|
| 돈까스 | - pork cutlet |
| 비후까스 | - beef cutlet |
| 함박스테이크 | - hamburger steak |
| 사이다 | - soda |
| 파인쥬스 | - pineapple juice |
| 아이스커피 | - iced coffee |
| 카레라이스 | - curry and rice |

## Wrap-up

**1. Actually~**

- 문장 앞에 오면서, 말을 부연해서 설명할 때

**2. So, (you're thinking of visiting Japan)?**

- 상대방의 말을 부드럽게 확인하기

**3. I can't wait till summer break starts.**

- '빨리 ~가 왔으면 좋겠다'의 의미

**4. I deserve a break.**

- ~할 만합니다